Serie ICETE

Manual para supervisores de estudiantes de doctorado en instituciones teológicas evangélicas

Manual para supervisores de estudiantes de doctorado en instituciones teológicas evangélicas

Ian J. Shaw

con

Kevin E. Lawson

Editor de la Serie

Riad Kassis
y **Michael A. Ortiz**

Global Hub for Evangelical Theological Education

GLOBAL LIBRARY

© 2025 Ian J. Shaw

Publicado en 2025 por Langham Global Library
Un sello editorial de Langham Publishing
www.langhampublishing.org

Langham Publishing y sus sellos editoriales son un ministerio de Langham Partnership.

Langham Partnership
PO Box 296, Carlisle, Cumbria CA3 9WZ, UK
www.langham.org

ISBNs:
978-1-78641-148-8 Print
978-1-78641-192-1 ePub
978-1-78641-193-8 PDF

Ian J. Shaw ha declarado su derecho a ser identificado como el autor de esta obra según las disposiciones del Acta de Derechos, Diseños y Patentes de 1988.

Todos los derechos reservados. Ninguna parte de esta publicación puede ser reproducida, almacenada en un sistema de recuperación o transmitida, en cualquier formato o por cualquier medio, electrónico, mecánico, fotocopiado, grabación o de otra manera, sin el permiso previo por escrito de la editorial o de la Agencia de Derechos de Autor.

Las solicitudes para reutilizar contenidos de Langham Publishing son procesadas a través de PLSclear. Favor visitar www.plsclear.com para hacer su solicitud.

Información de Publicación del Catálogo Bibliotecario Británico
El registro de catálogo para este libro está disponible en la Biblioteca Británica

ISBN: 978-1-78641-148-8

Traducción: Jim Breneman
Diseño de portada e interior: projectluz.com

Langham Partnership respalda activamente el diálogo teológico y los derechos de publicación de los autores académicos, pero no necesariamente avala las opiniones y opiniones expuestas aquí o en las obras a las que se hace referencia en esta publicación, ni garantiza la corrección técnica y gramatical. Langham Partnership no se responsabiliza por los daños a terceros u otras propiedades como resultado de la lectura, el uso o la interpretación del contenido de esta publicación.

Este libro está dedicado a los más de cuatrocientos Langham Scholars que han hecho realidad la visión de John Stott, habiendo recibido formación en estudios teológicos a nivel de doctorado con el propósito de servir en el Mundo Mayoritario en la indispensable tarea de capacitar a pastores, maestros y líderes cristianos en posiciones estratégicas de liderazgo.

Contents

Prefacio xi
1   El trabajo y las cualificaciones de unsupervisor de doctorado evangélico 1
2   Cómo ayudar a sus estudiantes a entender la naturaleza de la
    labor investigativa 13
3   Hágalo, o no, así como se lo hicieron: su propio camino al PhD 21
4   El desarrollo de las habilidades de pensamiento crítico:
    la construcción de los cimientos para el doctorado 31
5   El desarrollo de las habilidades críticas a nivel de maestría 43
6   Cómo ayudar a sus estudiantes a planificar y organizar su investigación 57
7   Iniciación a la investigación 71
8   Cómo enmarcar las preguntas de investigación y la propuesta de investigación 83
9   La gestión de las sesiones de supervisión doctoral 95
10 La Excelencia en la supervisión de la investigación académica y la
    formación espiritual 109
11 La supervisión y el desarrollo de
    una cultura de investigación 123
12 Cómo lograr que sus estudiantes de doctorado escriban (y sigan escribiendo) ... 135
13 El sostén administrativo del proceso de doctorado 149
14 Áreas problemáticas 163
15 Apoyo y desarrollo integral de estudiantes de doctorado 179
16 Cómo preparar a las y los candidatos al doctorado
    para ser examinados 191
17 El examen de la tesis doctoral: preparativos previos al examen 203
18 El examen de la tesis: el examen en sí 213
Conclusión 225
Apéndice 1: Formulario de retroalimentación anual de estudiantes de doctorado ... 229
Apéndice 2: Formulario de retroalimentación estudiantil al finalizar el doctorado ... 233
Apéndice 3: Lista de control de progreso para estudiantes de investigación 239

Prefacio

Este manual es el resultado de muchos años de experiencia como supervisor de doctorado y examinador de tesis doctorales, y como director de un programa de doctorado en una importante institución de educación teológica en el Reino Unido. Desde hace siete años, tras haber ejercido la docencia en un seminario, he dirigido el ministerio de becas de Langham Partnership, que cada año provee becas para hasta noventa estudiantes de doctorado del Mundo Mayoritario, de los cuales la mitad estudia en instituciones en el Mundo Mayoritario y el resto en Occidente; todos en disciplinas teológicas. En mi experiencia con Langham Scholars he visto cómo varía la calidad de la supervisión doctoral que han recibido estos estudiantes en diversos contextos, desde excelente a buena, más o menos aceptable e incluso a veces tristemente muy pobre. Este libro está diseñado para promover maneras de llevar adelante una supervisión que asegura una excelente experiencia para todos y todas.

Como parte de este amplio interés por fomentar la excelencia, en 2010 fui invitado a formar parte del Consejo Internacional para la Educación Teológica Evangélica (ICETE, por su sigla en inglés). Ese mismo año se realizó una importante consulta global en Beirut que reunió a líderes de la educación teológica a nivel de doctorado de todo el mundo, y de la cual surgieron los Estándares de Beirut (Beirut Benchmarks, en inglés). Para explicar y aplicar los Estándares de Beirut, se me pidió que escribiera una serie de *Principios de Buenas Prácticas para Programas de Doctorado*, que también han sido publicado por Langham Global Library para ICETE. En esta obra hago frecuentes referencias a tal documento, en donde se establecen los niveles clave de desempeño en el aprovisionamiento y la realización de programas de doctorado a los que todo programa debería aspirar.

En los últimos años también he sido invitado a dar seminarios en todo el mundo sobre la supervisión de doctorado, y este libro se ha desarrollado a partir de esos seminarios. He aprendido mucho de los participantes en los diferentes contextos en que se han llevado a cabo. Cada grupo de participantes ha reflexionado que, aunque hay diversos textos genéricos sobre la supervisión de doctorados en contextos seculares, hay poco que se ocupa de la supervisión desde la perspectiva del supervisor cristiano y evangélico que enseña en una institución teológica evangélica. Muchas cuestiones en torno al apoyo a los estudiantes de doctorado son las mismas que en universidades seculares. Sin embargo hay diferencias significativas en el ethos y el enfoque (aunque no a nivel académico). Este manual pretende prestar atención especial a estos asuntos.

Estoy muy agradecido por la colaboración del Dr. Kevin Lawson en la elaboración de algunas partes de este manual. Ha contribuido a varias secciones de este trabajo a partir de su amplia experiencia en los Estados Unidos, donde ha dirigido programas de doctorado, supervisado estudiantes de doctorado, presidido comités de doctorado y servido como examinador.

Mi oración es que este manual sirva a los cristianos evangélicos que están comprometidos con esta importante tarea, proporcionándoles una herramienta práctica y relevante que invita a la autorreflexión y a la mejora de su práctica. Por tanto, se puede usar de forma individual, aunque también se presta al estudio grupal con colegas. Los estudios de caso en los siguientes capítulos están basados en ejemplos reales que he conocido, pero se han cambiado todos los nombres y los detalles personales. Estos casos se incluyen con el propósito de considerar las realidades y complejidades de la supervisión doctoral y analizar estrategias para responder a los tipos de problemas que pueden surgir. Espero que este manual contribuya a una comprensión más profunda de la tarea de supervisión, de su realización y del sentido de satisfacción que puede producir. Los principales destinatarios de este manual son quienes llevan a cabo supervisiones doctorales en seminarios, facultades teológicas y universidades cristianas que son evangélicas, pero los principios que aquí se establecen también serán de ayuda para supervisores evangélicos que trabajan en ambientes seculares en donde otros colegas que integran un equipo de supervisión podrían no ser evangélicos o incluso no profesar una fe cristiana. El ethos y los enfoques que se sugieren en este manual pueden aplicarse fácilmente en tales contextos, con las adaptaciones apropiadas.

El manual promueve la integración, que las y los estudiantes evangélicos tanto anhelan en sus estudios, entre la excelencia en la formación de habilidades académicas y un fuerte enfoque en la dinámica espiritual y pastoral de la supervisión. La educación teológica es un aspecto clave de la misión cristiana. La formación de estudiantes de doctorado es, por lo tanto, una parte importante de la misión de Dios, ya que la mayoría luego desempeñara papeles estratégicos en la formación de pastores, maestros y otros líderes cristianos. Quiero ver a la educación teológica evangélica, a nivel global, fortalecida, profundizada, y extendida, a fin de estar mejor capacitada para entrenar a la próxima generación de líderes piadosos de la iglesia. Mi oración es que Dios use este libro como una contribución a esta tarea tan vital, y para su gloria.

Dr. Ian J. Shaw, PhD
Director Internacional Asociado, Langham Partnership Scholars Ministry
Co Director del Comité Directivo de la Iniciativa de Doctorado de ICETE
Miembro honorario de la Facultad de Teología, Universidad de Edinburgo, Escocia

con el

Dr. Kevin E. Lawson, EdD
Director de los Programas de PhD y EdD en Ciencias de la Educación
Profesor de Educación Cristiana; Talbot School of Theology, Biola University,
La Mirada, California

¡Me alegra mucho ver este texto! Será muy, muy útil en todo el Mundo Mayoritario y también para muchos supervisores en Occidente. Al leerlo recordé el tiempo en que yo era estudiante de doctorado en Cambridge. ¡Qué diferentes que eran las cosas en ese entonces! . . . Es muy buena la integración de las dimensiones evangélicas, espirituales, pastorales y éticas con las académicas, prácticas y técnicas. Es una buena lectura "cristiana", además de ser un buen manual "académico".

Christopher J. H. Wright
Director de Ministerios Internacionales, Langham Partnership

Creo que este manual es excepcional. No he visto nada como esto antes, así diseñado para supervisores de doctorado en la comunidad evangélica. Aprecio muchísimo el énfasis que Ian Shaw le da a la formación espiritual y el cuidado pastoral. Confronta los desafíos evangélicos y ofrece sugerencias sólidas y creativas. Los estudios de caso y las preguntas son excelentes. Lo recomiendo con entusiasmo.

Ian Randall
Investigador Senior,
International Baptist Theological Study Centre, Holanda

¡Este libro es brillante! ¡Ojalá hubiera tenido algo así hace veinte años! Si las instituciones asociadas pueden implementar una buena parte de las buenas prácticas que se recomiendan, sospecho que les irá mejor que a muchos programas más conocidos en el mundo. En particular me gustó leer el material sobre aprendizaje superficial y aprendizaje profundo, y toda la cuestión del pensamiento crítico. Allí y en tantas otras partes a lo largo del libro, hay orientación práctica sobre *cómo* ayudar al desarrollo de dichas habilidades. Pienso que a menudo los supervisores reconocen las debilidades de sus estudiantes en estas áreas, pero si estas cuestiones no han sido realmente un problema para ellos mismos, entonces les resulta difícil saber cómo ayudarles a desarrollar esas habilidades. Mi esperanza y oración es que este libro sea muy bien recibido y usado ampliamente.

Stephen Travis
ex Vicerector, St John's College, Nottingham, Reino Unido

¡Este manual contiene todo lo que se necesita saber sobre la supervisión doctoral! Es a la vez erudito y práctico, y su énfasis está en la formación integral de académicos evangélicos. Esta guía amplia y detallada es un valioso regalo para la educación teológica global. Será un recurso útil para equipar a nuestros supervisores de doctorado y mejorar la calidad de los programas de doctorado en instituciones teológicas del Mundo Mayoritario.

Theresa Roco Lua
Secretaria de Acreditación y Desarrollo Educativo,
Asia Theological Association
Decana, Asia Graduate School of Theology, Filipinas

1

El trabajo y las cualificaciones de un supervisor de doctorado evangélico

En mi ministerio cristiano en el contexto académico, la supervisión de estudiantes de doctorado ha sido uno de los aspectos más agradables y que más satisfacción me ha dado. Ha sido una labor muy exigente, con grandes alegrías y, a veces, profunda frustración. Sin embargo, ver cómo las y los estudiantes llegan a ser pensadores, maestros e investigadores bien equipados y cualificados que han incorporado los consejos y la instrucción que les hemos dado, que modelan lo que hemos querido enseñar y que ahora hacen su propia contribución a la disciplina, demuestra que es una de las mejores inversiones de nuestro tiempo y nuestras energías.

Pero, ¿cómo se hace bien eso?

Quizás se le ha acercado un líder académico senior y le ha invitado a supervisar a un estudiante de doctorado. Quizás se este preguntando ¿estoy listo/a para eso?, o ¿en qué me he metido? Incluso es posible que le hayan pedido que lea este manual como preparación para esa labor.

Tal vez ya ha supervisado a estudiantes de doctorado por algún tiempo, y ha querido darle una mirada a este manual a fin de reflexionar un poco más sobre su práctica. Quizás se está preguntando si sigue siendo un buen uso de su tiempo.

Lo que sigue está basado en un amplio repertorio de experiencias: desde haber servido como supervisor y examinador de estudiantes de doctorado durante quince años y haber dirigido un programa de doctorado en un seminario evangélico; hasta, en los últimos siete años, ofrecer apoyo, asesoramiento y capacitación a más de 150 estudiantes de doctorado, como miembro del equipo de liderazgo del programa de becas de Langham Partnership, que apoya a líderes cristianos del Mundo Mayoritario. Estos líderes estudian en programas de doctorado ya bien establecidos en instituciones reconocidas de Europa y América del Norte, y también en programas más recientes en el Mundo Mayoritario. En todas esas instituciones, tanto en las del Mundo Mayoritario como en las de Occidente, he visto que la experiencia de los estudiantes refleja una variedad de estilos y enfoques de supervisión que van desde muy buenos hasta a veces, tristemente, muy malos. Nuestra esperanza es que las sugerencias que se ofrecen aquí ayuden a extender las mejores prácticas, y por eso este manual debe ser leído junto con el libro *Principios y mejores prácticas* de ICETE.[1] La supervisión doctoral es una tarea y un rol para los que todo/a supervisor/a, sin importar su experiencia, debe seguir aprendiendo y creciendo.

Un comentario sobre la terminología

El doctorado de investigación es un producto global, pero la forma de denominar dicha cualificación varía de un contexto a otro. El enfoque principal de este manual es el doctorado basado en la investigación, generalmente conocido como Doctor en Filosofía (PhD o DPhil), y que es similar al Doctor en Teología (DTh). Quienes supervisan el trabajo para los Doctorados Profesionales en Teología (Doctor en Misiología, Doctor en Educación) pueden obtener importantes beneficios de este libro, aunque las habilidades evaluadas para un doctorado profesional y la forma en que se llevan a cabo estas evaluaciones son un tanto diferentes al PhD —estas diferencias se describen en los Estándares de Beirut para Doctorados de Investigación y en su adaptación para Doctorados Profesionales.[2] Quienes supervisan tesis o disertaciones a nivel de maestría también pueden encontrar aquí material de valor.

En este manual, el término "supervisor/a de doctorado" se utiliza para referirse a la persona, o a los miembros de un equipo, que trabajan de manera directa o cercana con el o la estudiante, ofreciéndole dirección y asesoramiento para un proyecto investigativo sustancial, que es el aspecto medular del doctorado. Algunos programas usan los términos "asesor de tesis", "director de tesis", "mentor de tesis", "promotor de tesis", "director de estudios" y/o "presidente del Comité de Tesis" para este rol, pero por una cuestión de claridad usaremos "supervisor/a" a lo largo de este manual.

Incluso el término "tesis doctoral" está sujeto a variaciones y algunas culturas académicas prefieren "disertación doctoral" o "proyecto de investigación". Una vez más, por una cuestión de claridad, usaremos aquí el término "tesis". Se trata de un importante proyecto de investigación original, de 75 000 a 100 000 palabras, que para completarlo y redactarlo toma entre dos y cinco años a tiempo completo.

---

1. I. Shaw, *Principios y mejores prácticas para Programas de Doctorado* (Carlisle: Langham Global Library, 2025).
2. Estos se pueden encontrar en Shaw, *Principios y mejores prácticas*.

¿Es usted la persona idónea para este trabajo?

Esta es una pregunta importante, y hay que seguir planteándola. Es posible que alguien que alguna vez estuvo cualificado/a para supervisar a nivel de doctorado ya no sea la persona idónea. El papel del supervisor es fundamental para el éxito del estudiante de doctorado.

La supervisión de doctorado es una gran responsabilidad. Si un estudiante falla en un curso de un programa a otro nivel, la culpa puede ser del estudiante o de toda una serie de docentes en diversos cursos, además de la responsabilidad de uno como supervisor. A nivel de doctorado, uno está mucho más expuesto. La responsabilidad principal recae en el o la estudiante, pero luego en el supervisor o la supervisora.

Ese grado de responsabilidad le puede hacer sentir algunos nervios —y, de hecho, así debe ser. La supervisión de estudiantes de doctorado no se debe tomar a la ligera, ni debe hacerse a medias. Y de ninguna manera debe hacerlo una persona que no está cualificada.

¿Está usted seguro o segura que cuenta con las cualificaciones y la preparación para cargar con esta responsabilidad?

La supervisión es primeramente un rol académico, pero también abarca ciertos aspectos que tienen una dimensión pastoral, aunque esto no debe interferir con las responsabilidades académicas primarias.

En *Principios y mejores prácticas*[3] se describen las cualificaciones para supervisores y supervisoras de doctorado que sirven en instituciones teológicas evangélicas. Además de contar con excelentes cualificaciones, quienes sirven como personal de supervisión deben ser docentes establecidos y líderes cristianos maduros. Tienen que poder modelar una erudición cristiana piadosa. También deben estar comprometidos con la formación académica y espiritual de las personas que supervisan.

Esto significa que:

- Las y los supervisores de doctorado deben tener buena reputación tanto en la comunidad académica cristiana como en la iglesia local.
- Deben poder brindar apoyo académico y demostrar una adecuada sensibilidad pastoral a las necesidades de sus estudiantes.
- Deben haber demostrado la capacidad de integrar la excelencia académica y la espiritual.
- Cuando la institución así lo requiera, deben estar dispuestos a firmar su declaración de fe o base confesional

---

3. Shaw, *Principios y mejores prácticas*, Sección 16.

- Las y los supervisores de doctorado deben estar debidamente cualificados y contar con la experiencia, las habilidades y los conocimientos necesarios para apoyar, capacitar y supervisar a los estudiantes de investigación que les sean asignados.

El supervisor o la supervisora principal de una tesis o disertación debe estar debidamente cualificado/a con un doctorado de investigación (PhD, DTh). Dicho doctorado se debe haber obtenido en el campo que el estudiante de doctorado pretende investigar. Algunos sistemas educativos (en Europa del Este, por ejemplo) además exigen una cualificación postdoctoral, como un Doctorado de Habilitación, antes de que la persona pueda supervisar estudiantes de doctorado. En algunos casos, una persona con un doctorado en, por ejemplo Educación o Misiología, será un supervisor adecuado si su título significó una cantidad importante de investigación empírica original, cursos sobre métodos de investigación y la redacción de una tesis de investigación sustancial. El/la supervisor/a principal de una tesis doctoral debe contar con experiencia previa como supervisor/a de investigación independiente (típicamente a nivel de maestría) y debe haber enseñado por varios años. Es normal que alguien acumule más experiencia trabajando como co-supervisor o segundo supervisor de un estudiante de doctorado, a fin de desarrollar las habilidades necesarias, antes de llegar a ser el/la supervisor/a principal.

Un supervisor debe ser experto, tener pericia y conocimientos académicos actualizados en áreas que coincidan estrechamente con el área que el estudiante de doctorado pretende investigar. La prueba de ello se mide en términos de actividad investigativa y publicaciones recientes. Miembros de la facultad académica que no siguieron investigando o escribiendo después de finalizar su doctorado no deben servir como supervisores/as. Las y los estudiantes de doctorado necesitan que quienes les apoyan estén actualizados en su campo y sean investigadores activos. Hay que recordar que la actividad investigativa continua nutre tanto la buena supervisión académica como la buena docencia. Por eso las y los supervisores deben mantenerse actualizados a nivel investigativo y académico, y esto debe ser parte de las actividades de desarrollo de los miembros de la facultad. Como se verá más adelante, las y los supervisores o mentores de candidatos/as al doctorado deben tener oportunidades regulares para su desarrollo como facultad y para capacitarse en relación con el desempeño de su rol supervisor.

Un fundamento bíblico y teológico para la supervisión

La persona académica evangélica a quien se le pide supervisar una investigación doctoral debe desarrollar una fundamentación bíblica y teológica para su labor. También tiene que ser capaz de ayudar a que el o la estudiante de doctorado evangélico/a haga lo mismo para su propio quehacer, porque necesitará ayuda para poder desarrollarlo.

Para esto debe centrarse en reconocer que el conocimiento no es solo un asunto académico. Ya lo reconocía el lema de la Universidad de Aberdeen, fundada en 1495 por

William Elphinstone, Obispo de Aberdeen, 'Initium sapientiae timor Dei', (el principio de la sabiduría es el temor a Dios).

Ayudar a que estudiantes cristianos evangélicos obtengan un doctorado es más que ayudarles a adquirir grandes cantidades de información, aunque eso es importante. También es más que ayudarles a desarrollar y pulir las habilidades de pensamiento crítico, por más vital que eso sea. La sabiduría, en el sentido bíblico, vincula y aúna la razón, la acción y la fe. En el contexto evangélico, el estudio doctoral es un ejercicio tanto espiritual como intelectual. Como bien se expresa en los *Estándares de Beirut de ICETE*, '*requiere creer lo correcto y estar comprometido con confiar en el Dios viviente ("el temor del Señor es el primer principio de la sabiduría")*'[4]. Asumir un rol en la supervisión de un/a estudiante de doctorado comprende e involucra importantes cuestiones de fe, tanto la fe personal de el/la estudiante y su supervisor/a como la de la comunidad (de fe) más amplia.

Esto significa que los estudios de doctorado llevados a cabo en un seminario o una universidad evangélica deben tener el mismo rigor y los mismos estándares académicos que los de una universidad secular, pero las y los estudiantes y supervisores evangélicos abordarán el proceso desde principios fundamentales diferentes. La experiencia de una educación doctoral en un seminario teológico o una universidad evangélica será notablemente diferente a la que se lleva a cabo en una institución secular. Basándose en una comprensión bíblica que integra el conocimiento y la sabiduría, las y los estudiantes evangélicos se beneficiarán de trabajar en un contexto enriquecedor y gratificante en donde la excelencia se nutre conscientemente, tanto en las disciplinas académicas como en las espirituales. Parte del rol del supervisor o la supervisora de doctorado es desarrollar ese contexto.

Una de las respuestas a la Ilustración del siglo dieciocho fue el intento de posicionar al cristianismo por encima de la crítica racionalista, y de trazar una distinción entre las cuestiones de la fe y el sentimiento religioso por un lado y los asuntos de la mente por otro. Esta grave dicotomía todavía ncesita ser abordada y superada, especialmente a nivel de los estudios doctorales. Las y los supervisores de doctorado evangélicos trabajan para facilitar que sus estudiantes de doctorado evangélicos puedan usar, de forma creativa y con humildad, la racionalidad que Dios por su gracia ha dado a los seres humanos hechos a su imagen. Jesús invitó a sus discípulos a adorar a Dios con el corazón, el alma y la mente. Esto significa que la investigación académica es un aspecto de amar a Dios con la mente (Mateo 22:37-40): en términos bíblicos, no existe una discontinuidad entre la mente y la espiritualidad personal. Pensar en ideas profundas y animar a que nuestros estudiantes piensen en ideas igualmente profundas es una de las dimensiones en que amamos a Dios con el corazón, el alma y la mente.

---

4. Shaw, *Principios y mejores prácticas*, Sección 1.

La integralidad

Los estudios doctorales deben entenderse de manera integral. Inciden en toda la vida y el carácter tanto de las/los supervisores evangélicos como de los/las estudiantes. Debe haber continuidad entre su carácter cristiano y su trabajo de investigación. Cada estudiante y cada supervisor o supervisora debe demostrar tanto integridad como integralidad en todos los aspectos de su trabajo. La excelencia espiritual debe estar a la par del rigor académico y de los más altos estándares posibles de investigación y reflexión. Las habilidades académicas y la excelencia investigativa propias del supervisor o la supervisora deben ir de la mano de una forma apropiada de vivir en el mundo, de manera que refleje el llamado divino a participar en la misión de Dios y modele esta integración para sus estudiantes. Aun cuando las y los estudiantes y sus supervisores evangélicos trabajan dentro de las condiciones de la universidad secular —que han de ser cuidadosamente respetadas–, deben estar motivados por los mismos principios de integridad e integralidad cristianas, incluso si el contexto no está diseñado explícitamente para facilitarlo.

La excelencia en la supervisión

Todo lo que un creyente evangélico se dispone a hacer, lo debe hacer con el deseo de hacerlo con excelencia y para glorificar a Dios. Así como Pablo, en 2 Corintios 8:7, insta a sus lectores a sobresalir en todo, "en fe, en palabras, en conocimiento, en dedicación y en su amor hacia nosotros", también quien sirve como supervisor o supervisora de doctorado debe aspirar a sobresalir en su trabajo de supervisión y en la investigación y la docencia que lo sustenta. Debe haber un compromiso absoluto con custodiar las normas académicas, a fin de garantizar los más altos niveles nacionales e internacionales de credibilidad. Que la persona que está supervisando sea una hermana o un hermano en Cristo no significa que estas normas se deben atenuar. Pero junto a esta atención a la excelencia académica, el deseo más amplio para las/los estudiantes supervisados es que no solo desarrollan una mente bien entrenada, sino que sean potenciadas sus habilidades como líderes cristianos, formados espiritualmente a través del proceso y equipados para servir en honor a Dios.

Ya que el doctorado de investigación es el máximo logro académico posible, elas y los supervisores son el principal punto de contacto para apoyar a sus estudiantes en este proceso educativo cuyo producto final ha de estar, según la opinión de sus examinadores, a la altura de los estándares internacionalmente aceptados para la educación doctoral. Aunque habrá variedad en cómo se implementan los programas de doctorado, de todos modos el producto final debe parecerse a un doctorado, ser examinado al nivel de doctorados obtenibles en otras partes del mundo, y ser reconocido como tal por la comunidad académica global, así como por las agencias de acreditación o validación locales, las iglesias y las y los estudiantes que emprenden el programa. Además, el personal de supervisión en la institución teológica evangélica debe asegurarse que el doctorado sea efectivamente también la máxima expresión de la formación cristiana. Debe ser visto como el ámbito en donde aspiramos a la máxima excelencia en la preparación de líderes cristianos para el servicio. El candidato o la candidata doctoral cuyo éxito será reconocido con el doctorado debe ser presentado/a ante la comunidad cristiana más amplia como una persona altamente habilitada y completamente equipada para el liderazgo cristiano, especialmente en un contexto académico.

Por tanto, las y los estudiantes de doctorado y sus supervisores/as deben emprender su trabajo con las correctas motivaciones primarias. Como ha escrito recientemente Andrew Walls:

> Es necesario comenzar con la distinción entre promover la erudición y producir doctorados. En todos los continentes ya hay suficientes personas con doctorado que no han aportado ni una jota a la erudición. No tiene sentido establecer fábricas en África y Asia, por más eficientes que sean, para entrenar en malabares doctorales a personas que no tienen ni la vocación por la erudición ni la pasión (porque menos que eso no da la talla) por su ejercicio. La vida académica es una vocación cristiana dentro de la misión de Dios al mundo; comparado con eso, ambicionar muchos doctorados es algo frívolo.[5]

Nombramiento de el/la supervisor/a o del Comité de Disertación

Cada institución debe desarrollar políticas y procedimientos para la selección y aprobación del personal de supervisión, del presidente del Comité de Disertación y de otros miembros del Comité.

Modelo de supervisión: En programas de doctorado que siguen el modelo europeo/británico, el/la estudiante de doctorado trabaja con un supervisor primario y un supervisor secundario, y a veces con un pequeño equipo de otros supervisores. El/la supervisor/a puede haber sido contactado/a por el estudiante de manera formal o informal antes de comenzar el programa para discutir posibles ideas de investigación, o puede ser nombrado/a directamente por la institución, pero todas las decisiones sobre la supervisión deben ser acordadas y confirmadas por escrito por la institución. Los roles del primer y segundo supervisor y sus respectivas responsabilidades deben acordarse y establecerse por escrito. Es importante garantizar que la comunicación entre los miembros de un equipo de supervisión sea buena y frecuente. Se deben convocar reuniones periódicas entre el equipo de supervisión y el o la estudiante. Estas reuniones deben ocurrir en momentos clave de su progreso, incluyendo en las etapas iniciales del programa de investigación, en

---

5. A. Walls, 'World Christianity, Theological Education and Scholarship', *Transformation* 28, no. 4 (Octubre 2011): 235-240.

las revisiones de progreso y cuando se evalúa si la tesis está lista para ser presentada, antes de programar los exámenes pertinentes.

Modelo de Comité de Disertación: En los programas de doctorado que siguen el modelo más común en los Estados Unidos de América, cada estudiante de doctorado trabaja con un Comité de Disertación que guía y evalúa su investigación. La tesis/disertación que resulta es similar a la del modelo europeo, pero el proceso de su desarrollo y defensa suele seguir un camino diferente. Una vez que el o la estudiante ha completado sus cursos académicos y aprobado su 'examen de candidatura', pasa a la fase de tesis/disertación de su programa. Durante la fase de cursos académicos, ha tomado clases que proveen los cimientos para su área de estudio escogida y que le han ayudado a desarrollar las habilidades de investigación que usará en el desarrollo y la elaboración escrita de su tesis/disertación. Una vez que ha finalizado los cursos académicos y los exámenes de candidatura, él o ella solicita el nombramiento de un Comité de Disertación para guiarle en el proceso de la disertación.

Los Comités de Disertación pueden variar en tamaño y composición. Un modelo común consiste en un Comité de tres personas: un presidente, un segundo lector y un tercer lector. El presidente del Comité de Disertación funge como el asesor principal del estudiante, guiándole en la elaboración de los primeros borradores de las diversas secciones de la disertación. El presidente es el/la supervisor/a principal para el estudiante, reuniéndose a menudo para discutir el enfoque y el desarrollo de la disertación, ofrecer retroalimentación sobre su redacción y ayudarle a establecer y mantener objetivos y límites apropiados para el esfuerzo de investigación. El presidente cumple en gran medida las funciones principales de supervisión, que se describen en el resto de este libro.

El segundo y tercer lector también ofrecen orientación y retroalimentación, pero es posible que enfoquen en aspectos particulares del proyecto de investigación porque su trabajo con el/la estudiante normalmente es precedido por el trabajo inicial del presidente. En algunos casos, estos "lectores" pueden ser expertos en ciertos aspectos del contenido o en la metodología del estudio, y se les puede pedir que tomen un rol de liderazgo en algunos aspectos del proyecto. En otros casos, pueden tener un trasfondo general en el área que se investiga y sirven como otro "par de ojos", ofreciendo retroalimentación sobre el argumento y la evidencia del proyecto después del trabajo inicial del presidente con el/la estudiante. En cierto sentido, la inclusión de un segundo y un tercer lector en el Comité de Disertación es similar a tener un segundo supervisor y un revisor externo que ayudan a evaluar la investigación que el/la estudiante ha llevado a cabo. En última instancia, los tres deben estar de acuerdo con que la disertación merece ser aprobada y que el o la estudiante puede graduarse con el grado de doctorado.

Aunque se debe hacer todo lo posible por designar como presidente del Comité al miembro de la facultad con quien quiere trabajar el/la estudiante, la decisión debe ser equilibrada y tomar en cuenta la carga laboral de la facultad, buscando no sobrecargar a ningún miembro de la facultad. En caso de que un miembro de la facultad ya tiene una carga pesada de trabajo de supervisión, quizás él o ella podría servir como segundo supervisor, o como segundo o tercer lector en el Comité, en lugar de presidirlo. De esa manera, el/la estudiante puede contar con la perspectiva y el apoyo de este miembro de la facultad para el proceso de investigación, pero sin la necesidad de que esta persona asuma el rol primario de supervisión.

La composición del resto del equipo de supervisión o del Comité de Disertación suele negociarse entre el/la presidente y el/la estudiante. Quizás el presidente sepa de miembros de la facultad con áreas específicas de especialización que deberían ser invitados a servir en el Comité. Por otro lado, el/la estudiante puede haber cursado con un miembro de la facultad que siente que podría hacer un aporte importante al Comité. En algunos casos, un académico experto externo a la institución puede ser invitado a servir en el Comité. Esto habrá que pensarlo bien a nivel de las políticas de la institución para que tanto los miembros de la facultad como las y los estudiantes estén conscientes del proceso de reclutamiento y aprobación de los miembros del Comité y de su parte en dicho proceso. Quizás no sea posible que el/la estudiante tenga a todas las personas que quisiera en su Comité, pero debe haber una buena relación entre él o ella y los miembros del Comité. La persona que presidirá el Comité debe tomar la iniciativa en la tarea de contactar y reclutar a los demás miembros del Comité, de orientarles sobre los detalles básicos del estudio propuesto y de explicarles lo que se les está pidiendo como miembros del Comité de Disertación.

Si la situación lo permite, puede ser beneficioso tener una reunión inicial entre el/la estudiante y todos los miembros del Comité de Disertación. Se puede llevar a cabo después que el/la estudiante y el/la presidente hayan elaborado una propuesta preliminar sobre el enfoque y los parámetros del estudio planeado. En dicha reunión, el/la estudiante puede presentar el enfoque propuesto, el alcance y la justificación del estudio. Luego, se puede invitar a que las y los miembros del Comité aporten sus reflexiones, observaciones, preguntas e ideas para ser consideradas por el/la estudiante en consulta con el/ presidente del Comité. Además, los miembros del Comité pueden discutir sus roles en el proceso de la disertación y comunicar cualquier restricción que sus agendas impongan sobre los horarios de consulta. De esta manera, todos los miembros del Comité tienen oportunidad de valorar el enfoque inicial y el desarrollo del estudio, lo cual consolida una comprensión en común de lo que el/la estudiante se esforzará por lograr y del rol del Comité y de sus miembros en el proceso. También puede minimizar la posibilidad de eventuales conflictos entre perspectivas y así evitar trabajo desperdiciado y estrés por diferentes expectativas y retroalimentaciones al estudiante. De no ser posible una reunión presencial de todos los miembros, la conversación puede facilitarse mediante Skype u otro sistema de videoconferencia.

Trabajo en comunidad

Aunque este desafío —y responsabilidad— de desarrollar la excelencia espiritual y académica puede parecer algo formidable, vale la pena recordar que las y los supervisores de doctorado deberían estar trabajando hacia esta meta como parte, y con el apoyo, de una comunidad de aprendizaje. Yo solía decirle a mis colegas que la comunidad que se necesita para tener éxito en la capacitación de estudiantes doctorales incluye al personal de recepción y de limpieza, a las secretarías académicas, a los técnicos informáticos y al personal de la biblioteca, a otros miembros de la facultad, además de las y los supervisores. Todos y todas deben entregarse de todo corazón a la tarea de nutrir las habilidades clave que necesitan las y los futuros líderes. Esta tiene que ser una comunidad de "aprendizaje", no solo una comunidad donde ocurre el aprendizaje.

Resumen

Las y los supervisores de doctorado evangélicos deben aspirar siempre a ser más como Cristo en todo lo que hacen, dicen y piensan; a ser más bíblicos en sus principios; a desear estándares más y más altos y a querer obtener lo mejor de sus estudiantes. Necesitan estar siempre preparados para evaluar su práctica, enfrentar los errores y aprender de ellos. Este manual está diseñado para contribuir a ese proceso.

Preguntas de reflexión

Tómese unos momentos para reflexionar en torno a las siguientes preguntas:

Sus propias apreciaciones acerca de la supervisión doctoral,

¿Son positivas o negativas?

¿Qué experiencias hay detrás de ellas?

¿En qué áreas de la supervisión está consciente que necesita trabajar más?

Si ya ha sido supervisor o supervisora, ¿cuál ha sido su experiencia más satisfactoria como supervisor/a de doctorado?

Si es su primera vez como supervisor o supervisora, ¿cuál es su mayor esperanza para este trabajo?

¿Cómo medirá su éxito en la supervisión?

Para leer más

Delamont, S., P. Atkinson y O. Parry. *Supervising the PhD: A Guide to Success.* Bristol, PA: The Society for Research into Higher Education & Open University Press, 1997.

Eley A. y R. Murray. *How to Be an Effective Supervisor.* Maidenhead: Open University Press, 2009.

Nerad, M. y M. Heggelund, eds. *Toward a Global PhD? Forces and Forms in Doctoral Education Worldwide.* Seattle: University of Washington Press, 2008.

Phillips, E. M. y D. S. Pugh. *How to Get a PhD: A Handbook for Students and their Supervisors.* Maidenhead: Open University Press, 2010. (Disponible también para Kindle)

Powell, S. y H. Green, eds. *The Doctorate Worldwide.* Maidenhead: Open University Press, 2007.

Shaw, I. *Principios y mejores prácticas para Programas de Doctorado.* Carlisle: Langham Global Library, 2025.

Taylor, Stan y Nigel Beasley. *A Handbook for Doctoral Supervisors.* Nueva York: Routledge, 2005.

Walker, G. E., C. M. Golde, L. Jones, A. C. Bueschel y P. Hutchings. *The Formation of Scholars: Rethinking Doctoral Education for the Twenty-First Century.* San Francisco: Jossey-Bass, 2008. Un estudio provocador proveniente de EE.UU. ¡Estará de acuerdo con algunas cosas y con otras no!

Walker, M. y P. Thomson, eds. *The Routledge Doctoral Supervisor's Companion: Supporting Effective Research in Education and the Social Sciences.* Nueva York: Routledge, 2010.

Wisker, Gina. *The Good Supervisor: Supervising Postgraduate and Undergraduate Research for Doctoral Theses and Dissertations.* Nueva York: Palgrave MacMillan, 2005.

Revistas de Investigación y Educación Superior

(Estas revistas periódicamente publican artículos que reflexionan en torno al "estado de la disciplina", la educación de posgrado y los estudios doctorales).
Por ejemplo:
Studies in Higher Education
Higher Education Research and Development
Journal of Further and Higher Education

2

Cómo ayudar a sus estudiantes a entender la naturaleza de la labor investigativa

Investigar es un desafío y es emocionante. Se nutre de las habilidades creativas y de la imaginación. Exige estudio disciplinado, reflexión rigurosa y mucha escritura.

Las y los supervisores deben ayudar a sus estudiantes a entender exactamente qué se espera que hagan cuando se les pide investigar; deben ofrecer orientación sobre cómo hacerlo; y deben ayudarles a desarrollar las habilidades necesarias para hacerlo.

¿Qué es la investigación?

Una "investigación" es una averiguación o exploración original emprendida para obtener conocimientos y comprensión. Alguien que investiga, por lo tanto, producirá nuevas ideas y desarrollará proyectos que conducen a nuevas o mejores perspectivas. El/la estudiante estará manteniendo y ampliando la infraestructura intelectual de su área o disciplina.

Para llevar a cabo una investigación a nivel de doctorado, él o ella debe establecer una base de conocimientos, especialmente acerca de lo que ya se ha investigado en su campo. Lo que investigaciones y estudios previos han aportado debe ser analizado y sintetizado, y sus implicaciones para la investigación presente y futura deben ser entendidas.

La investigación es un viaje de descubrimiento que llevará a identificar nuevos hallazgos y a concebir nuevos argumentos. Las/los estudiantes examinarán documentos y fuentes que no han sido leídas e investigadas previamente, o las analizarán de maneras novedosas o empleando nuevos enfoques y técnicas. La supervisión trae consigo el privilegio de acompañarles en ese viaje, que conlleva —por extensión— su propio placer. Las/los supervisores encuentran satisfacción académica y profesional al ver como la labor investigativa de sus estudiantes produce avances en sus propios campos de estudio.

Sin embargo, esto se debe hacer de manera íntegra: la propiedad intelectual de los y las estudiantes debe ser respetada y celebrada.

A los y las estudiantes les debe motivar mucho no solo saber más, sino también resolver problemas de manera creativa o ver cuestiones particulares con más claridad. Material viejo se puede ver de una manera fresca.

Otro aspecto emocionante de la labor investigativa, aparte de descubrir cosas nuevas, es trazar conexiones y tender puentes a otras áreas de conocimiento. Las/los estudiantes necesitan ayuda y orientación para hacer esto.

Una de las principales áreas en las que las y los supervisores interactúan con sus estudiantes es en su trabajo escrito. Periódicamente reciben, comentan y discuten textos escritos por sus estudiantes. Este proceso no solo ayuda a las/los estudiantes a documentar sus conclusiones, sino también a desarrollar las habilidades de comunicación que necesitan para difundirlas. Esto es vital, no solo para el doctorado mismo sino también para su futuro ministerio de investigación y divulgación. Las y los estudiantes necesitan aprender a aplicar los resultados de sus investigaciones a los debates académicos actuales. También necesitan pensar en cómo sus investigaciones pueden servir las necesidades de la comunidad cristiana más amplia.

Quizás haya aspectos de estas investigaciones que se relacionarán directamente con su futuro como docentes. Estas habilidades —de desarrollar preguntas de investigación, de analizar y sintetizar información y de comunicar las conclusiones de manera clara y eficaz–, que son vitales para la labor investigativa, son también transferibles y muy valiosas para la redacción de libros y la preparación y presentación de conferencias y cursos.

La labor investigativa debe producir enfoques de enseñanza y aprendizaje que son estimulantes, creativos y eficaces, y son otra forma de difundir los resultados de la investigación.

La investigación y lo evangélico

En algunos estudiantes, el supervisor o la supervisora encontrará que la emoción por el potencial de la labor investigativa está atenuada por un miedo muy real. En 1941 el Dr. Martyn Lloyd-Jones expuso lo que vio como las causas de la debilidad en las disciplinas bíblicas y teológicas en el ámbito evangélico del siglo veinte. Esas causas incluían un mayor énfasis en la subjetividad y la experiencia personal por sobre el estudio profundo y la exposición de las Escrituras; una mayor insistencia en la inminencia del regreso de Jesucristo, a la luz de lo cual una erudición profunda y minuciosa era superflua; y un énfasis en la urgencia de predicar el evangelio, lo cual hizo que el trabajo lento y minucioso de los eruditos pareciera de importancia secundaria. Además los movimientos de santidad y vida superior (movimientos de corte 'pietista' del siglo diecinueve) hicieron hincapié en cultivar una vida piadosa, de santidad personal, antes que una mente estudiosa. Lloyd-Jones creía que todos estos factores habían llevado a un drástico declive de la erudición evangélica en las primeras décadas del siglo veinte.[1]

Estas ideas aún persisten en algunos círculos evangélicos. Para cuando las/los estudiantes ingresan a estudiar a nivel de doctorado es de esperar que no piensan así. Sin embargo, pueden tener familiares y amigos cristianos, o aun líderes eclesiales, que todavía sostienen esas ideas. Es posible que sus supervisores/as tengan que trabajar estos temas con ellos para ayudarles a justificar su inversión de tiempo y dinero en la labor investigativa. Como respuesta a esta problemática, Lloyd-Jones impulsó la fundación de Tyndale House, en Cambridge, para que fuera un centro de investigación bíblica. Él consideraba que la erudición lingüística e histórica eran esenciales para asegurar la validez y la precisión de las fuentes textuales primarias, tanto para la Biblia como para la teología, y para que la comprensión precisa del texto bíblico pudiera ser aplicada a la exégesis y a la traducción. También hizo hincapié en la necesidad de que los estudios técnicos y lingüísticos de los textos se combinaran con las habilidades bíblico-teológicas, para que fuera posible comprender las implicaciones teológicas de los descubrimientos y dilucidar su aplicación.[2]

El corazón de la tesis de investigación está en la 'originalidad' y lo 'novedoso'. En algunos ámbitos evangélicos estos conceptos todavía están asociados con la heterodoxia bíblica o confesional. Descubrir algo 'novedoso' acerca de las Escrituras o la teología tradicional se asocia, según ese modo de pensar, con una tendencia a la herejía. Es necesario ayudar a las y los estudiantes a desarrollar una 'apologética' personal para contrarrestar esos miedos. Quienes emprenden investigaciones sobre una base confesional evangélica, lo pueden hacer con confianza.[3] Su base confesional provee un fundamento sólido para la investigación, pero no por eso impone límites a su labor investigativa. Aunque hay áreas en donde hacen falta nuevos paradigmas y enfoques, en otras lo que se necesita es reabordar y restablecer paradigmas conocidos basándose en una convicción sobre la autoridad bíblica, una visión singularmente cristiana del mundo y la ortodoxia confesional. El Dr. W. J. Martin, catedrático de Hebreo de la Universidad de Liverpool, hizo hincapié en la necesidad de una erudición bíblica y académica bien fundamentada, creyente y de alto nivel:

> Nuestra fe está inseparablemente vinculada a ciertos acontecimientos históricos registrados en un extenso conjunto de documentos escritos, por cuanto sus fundamentos pueden investigarse de manera objetiva. La necesidad de una defensa académica de la fe es tan grande hoy como en otros tiempos.

---

1. T. A. Noble, *Research for the Academy and the Church: Tyndale House and Fellowship: The First Sixty Years* (Leicester: IVP, 2006), 34-35.
2. Noble, *Research for the Academy*, 39.
3. Se trata de 'confesión' con 'c' minúscula, y no está limitada a una Confesión en particular.

Las cualificaciones necesarias para participar en esta defensa solo se pueden alcanzar con años de estudio y dedicación.[4]

Para Martin, los años de "estudio y dedicación" necesarios para poder investigar en el campo del Antiguo Testamento incluyeron su experiencia de estudio en Alemania, un año en Roma en el Pontificio Instituto Bíblico, y un año en Egipto donde estudió la cultura árabe. Claro que no todos los investigadores pueden permitirse —o acceder a— esa amplitud de oportunidades, pero su recomendación subraya la seriedad de la tarea. Las y los investigadores evangélicos necesitan tener la valentía de ser tanto pioneros/as de nuevas formas de pensar como restauradores/as de los valores medulares del reino y mantenedores/as de los principios que contribuyen a la formación espiritual.

La adhesión confesional personal y la libertad académica

Las/los evangélicos, voluntariamente y por amor a Cristo, se comprometen a seguir un patrón de creencia y práctica, y a sostener y defender una serie de verdades clave, que David Bebbington resume de la siguiente manera: (1) la conversión como la experiencia cristiana definitiva; (2) la Biblia como la Palabra de Dios revelada y autorizada, y el fundamento para la vida cristiana y para toda creencia y práctica cristiana; (3) la muerte expiatoria de Cristo en la cruz como el corazón del mensaje cristiano; y (4) la convicción de que el cristianismo debe ser vivido en testimonio y servicio activo.[5] Las y los evangélicos creen, aprecian, defienden y viven estas verdades fundamentales como un aspecto del amor y el servicio a Cristo y su iglesia. De buena voluntad y con agrado, abrazan el yugo de la creencia doctrinal que les trajo a la fe y les ha preservado allí en el seno de una comunidad que comparte los mismos valores. Estas verdades han sido una roca para su fe y su testimonio a través de muchos desafíos, y descartarlos no es algo que se hace a la ligera.

Sin embargo, al emprender estudios académicos minuciosos en torno a estas cuestiones, reconocen que hay desafíos y perplejidades. La fe evangélica es aceptada voluntariamente como un yugo que guía y dirige, pero no como una camisa de fuerza que constriñe y asfixia. Además de su compromiso profundo con estas convicciones, las y los evangélicos también se comprometen con el principio de la libertad de investigación, aprendizaje y enseñanza. Su deseo no es sostener una fe estática. Es, más bien, ir más profundo, pensar con mayor claridad y expresar sus conclusiones con integridad y sin miedo. Las y los estudiantes evangélicos necesitan apoyo y ayuda para vivir con esa tensión entre apertura y compromiso.

---

4. W. J. Martin, 'A Later Statement of the Aims of Tyndale House, 1941,' in *Research for the Academy and the Church: Tyndale House and Fellowship: The First Sixty Years*, ed. T. A. Noble (Leicester: IVP, 2006), 37.

5. D. Bebbington, *Evangelicalism in Modern Britain: A History from the 1730s to the 1980s* (Londres: Unwin Hyman, 1989), 5-17.

La investigación académica como servicio a la iglesia

En sus *Ordenanzas Eclesiásticas*, junto al oficio de los pastores, Juan Calvino describió el de los maestros, o 'doctores' de la iglesia (basándose en Efesios 4:11). Su función: instruir a los creyentes en la sana doctrina y desafiar la ignorancia o las falsas opiniones. Los "doctores de la iglesia" debían ofrecer ayuda e instrucción para mantener la doctrina de Dios y para defender a la iglesia contra agravios causados por las fallas doctrinales de pastores y ministros. Era un servicio vital para la iglesia, y una gran responsabilidad. Sin embargo, esto de ninguna manera significaba que los doctores de la iglesia eran superiores a otros líderes. Como cualquier otro ministro, los doctores de la iglesia debían estar sujetos a la disciplina eclesiástica, y para su nombramiento era necesaria la aprobación de otros ministros.[6]

Los estudiosos evangélicos han llegado a entender que el estudio profundo y minucioso de las cuestiones medulares de la fe cristiana, encomendado a los "doctores de la iglesia" —ya sea del texto bíblico, de los enunciados teológicos esenciales o de algún aspecto de la práctica cristiana—, no obstaculiza la continuidad de la fe cristiana histórica. Como afirman los principios generales para la actividad investigativa establecidos en Tyndale House en 1944: 'El error es multiforme, pero la Verdad es una, y aquellos que, en dependencia de Dios cuya Palabra es Verdad, se proponen descubrir una nueva Verdad a partir de ella, pueden tener la plena seguridad de que la Verdad nunca podrá contradecirse a sí misma, sino que siempre habrá de realzar la gloria de Aquel que dice, "Yo soy la Verdad"'.[7] Sobre esa base, aun las y los evangélicos que más estrechamente se adhieren a la doctrina reformada de las Escrituras están dispuestos a emprender un estudio científico y minucioso del texto de los libros que componen el canon. De buena gana exploran el contexto intelectual y vital en el que se escribieron los diferentes libros de las Escrituras, o en qué se desarrolló la doctrina en siglos posteriores. Las Escrituras son una piedra preciosa multifacética que hay que sostener y apreciar desde diferentes perspectivas, y al hacerlo se revela más su belleza. Las y los evangélicos desean preservar la verdad y desechar interpretaciones y énfasis equivocados o infructuosos, con la convicción de que así la integridad del mensaje cristiano será afirmada y enriquecida.

Quienes emprenden estudios de doctorado necesitan mucha ayuda para superar estas tensiones de una manera creativa. Necesitan ayuda para aprender como evangélicos a promover los estudios bíblicos, teológicos, históricos, misiológicos y prácticos en un espíritu de lealtad y amor a la fe cristiana según se ha formulado en las Escrituras, en los

---

6. J. Calvin, 'Ecclesiastical Ordinances,' in *Theological Treatises*, ed. J. K. S. Reid, Library of Christian Classics (Philadelphia: The Westminster Press, 1954), 58-82, 333-343.

7. F. F. Bruce, D. Johnston y L. Stephen-Hodge, 'General Principles Governing the Research Activity Tyndale House, 1944,' en *Research for the Academy and the Church: Tyndale House and Fellowship: The First Sixty Years*, ed. T. A. Noble (Leicester: IVP, 2006), 50-51.

credos históricos y en las confesiones de la Reforma. También deben estar dispuestos a desarrollar relaciones colaborativas con otras personas que se dedican a investigaciones similares, para que la erudición evangélica pueda ocupar su lugar a la vanguardia de los estudios bíblicos y teológicos.

Tristemente, según mi experiencia con estudiantes de doctorado evangélicos en diversos contextos, este es un área en que reciben poca ayuda o asesoramiento. Están buscando supervisores/as que modelen una postura integrada y coherente ante esta tensión entre 'apertura y compromiso'. A veces me pregunto por qué no encuentran esas personas. ¿Existe la premisa de que las/los estudiantes 'lo tiene todo resuelto', y entonces quienes supervisan no necesitan hablar de ello? Un número sorprendente de estudiantes del texto bíblico ni siquiera tiene una doctrina de las Escrituras claramente formulada. O, quizás, hay cierta renuencia por parte de las/los supervisores a hablar de sus luchas personales y de cómo las han resuelto (lo que podría ser visto como presión indebida o indicio de debilidad), y en cambio prefieren hablar de ello solo de manera abstracta. En mi opinión, esta reticencia no ha sido positiva para las/los estudiantes evangélicos.

> ## Ejercicio
> Haga una lista de las tensiones entre "apertura y compromiso" que ha encontrado en su propia disciplina académica.
>
> A la par de cada elemento en su lista, anote cómo ha resuelto esa tensión.

La tarea investigativa requiere humildad

En palabras de John Stott:

> Necesitamos la humildad de María. Ella aceptó el propósito de Dios, diciendo: "hágase conmigo conforme a tu palabra". . . También necesitamos la valentía de María. Estaba tan plenamente dispuesta a que Dios cumpliera su propósito, que estaba lista a arriesgar el estigma de ser madre soltera, de ser considerada una mujer adúltera que daría a luz a un hijo ilegítimo. Ella entregó su reputación a la voluntad de Dios. A veces me pregunto si la causa principal de muchos casos de liberalismo teológico es que algunos eruditos se preocupan más por su reputación que por la revelación de Dios. Ante el miedo a pasar vergüenza por ser lo suficientemente ingenuos y crédulos como para creer en milagros, son tentados a sacrificar la revelación de Dios en el altar

de su propia respetabilidad. No digo que siempre sea así. Pero siento que es correcto plantearlo porque yo mismo he sentido lo fuerte que es esa tentación.[8]

Hace algunos años estaba hablando con un académico sénior de los Estados Unidos que me compartió su respuesta a una pregunta de un estudiante de teología acerca de cómo servir a Dios mientras hacía su doctorado. Su respuesta fue simplemente, "Enseñe en la escuela dominical. Eso lo mantendrá conectado con servir a la iglesia local y encontrará que los niños hacen preguntas teológicas muy profundas".

La investigación debe hacerse para la gloria de Dios

Las y los supervisores cristianos deben demostrar humildad y una adecuada cautela académica en torno a los resultados de su investigación, y deben modelarlo para sus estudiantes.

Necesitan mostrarle a sus estudiantes cómo su erudición será probada y evaluada por otros, y cómo deben acoger y celebrar este continuo proceso académico de interacción crítica, aun cuando significa que habrá que revaluar o retrabajar resultados anteriores.

Lo que nos motiva y orienta como investigadores e investigadoras debe ser el deseo de glorificar a Dios a través de la investigación, como en cualquier otra parte del ministerio cristiano. Solo Dios debe recibir todo el crédito por los conocimientos que brinda.

Preguntas de reflexión

¿Cuál es su motivación más fuerte para ofrecer supervisión a estudiantes de doctorado?

¿Cómo se relaciona su comprensión del trabajo de supervisión con la *missio Dei*?

¿Cuáles son las mayores barreras a la investigación que enfrentarán sus estudiantes de doctorado?

Para leer más

Delamont, S., P. Atkinson y O. Parry. *Supervising the PhD: A Guide to Success*. Bristol, PA: The Society for Research into Higher Education & Open University Press, 1997.

Eley A. y R. Murray. *How to Be an Effective Supervisor*. Maidenhead: Open University Press, 2009.

---

8. John Stott, *The Authentic Jesus* (Londres: Marshalls, 1985), 66.

Phillips, E. M. y D. S. Pugh. *How to Get a PhD: A Handbook for Students and their Supervisors.* Maidenhead: Open University Press, 2010. (Disponible también para Kindle)

Quality Assurance Agency, *Doctoral Degree Characteristics.* www.qaa.ac.uk/en/Publications/Documents/Doctoral_Characteristics.pdf

Shaw, I. *Principios y mejores prácticas para Programas de Doctorado.* Carlisle: Langham Global Library, 2025.

Smith, K. *Writing and Research: A Guide for Theological Students.* Carlisle: Langham Global Library, 2015.

Taylor, Stan y Nigel Beasley. *A Handbook for Doctoral Supervisors.* Nueva York: Routledge, 2005.

Walker, G. E., C. M. Golde, L. Jones, A. C. Bueschel y P. Hutchings. *The Formation of Scholars: Rethinking Doctoral Education for the Twenty-First Century.* San Francisco: Jossey-Bass, 2008.

Walker, M. y P. Thomson, eds. *The Routledge Doctoral Supervisor's companion: Supporting Effective Research in Education and the Social Sciences.* Nueva York: Routledge, 2010.

Wisker, Gina. *The Good Supervisor: Supervising Postgraduate and Undergraduate Research for Doctoral Theses and Dissertations.* Nueva York: Palgrave MacMillan, 2005.

3

Hágalo, o no, así como se lo hicieron: su propio camino al PhD

Si ha completado con éxito un doctorado, es un (o una) sobreviviente! ¡Felicitaciones! Lamentablemente, muchos no sobreviven al proceso y a la experiencia de supervisión. Cuando estaba haciendo mi propio doctorado en una importante universidad de investigación en el Reino Unido a principios de la década de 1990, se publicó una asombrosa estadística: en una de las universidades más importantes de Gran Bretaña más del 50 por ciento de los que iniciaron un programa de doctorado nunca lo completaron. Esa cifra conmocionó al mundo de la investigación. Posteriormente, muchas prácticas y enfoques de los programas de doctorado en investigación fueron cambiados y mejorados. Sin embargo, en 2012 el periódico británico *The Guardian* todavía reportaba que en muchas universidades británicas el índice de fracaso o no finalización era de más del 40 por ciento, y que en los Estados Unidos solo el 57 por ciento de los estudiantes de doctorado había logrado su doctorado dentro de los diez años de haber iniciado sus estudios —en las humanidades la cifra se reducía a solo el 49 por ciento.[1] Esas cifras deberían hacernos reflexionar en torno a lo que hacemos con las/los estudiantes de doctorado y la supervisión, y lo que podría fallar. Es claro que en muchos casos las cosas no son como deberían ser.

Una tendencia significativa que ha resultado de estas preocupaciones ha sido un mayor énfasis en el proceso total de la educación doctoral. Para producir un título de investigación hace falta mucho más que recibir una credencial de biblioteca, el acceso a un montón de libros y contactos ocasionales con un supervisor. El proceso de desarrollar y redactar un proyecto de investigación a nivel de doctorado necesita ser entendido a fondo y claramente delineado. Los estudios de doctorado prosperan en el entorno propicio: una cultura de investigación (ver el cap. 11 de este manual).

---

1. Daniel K. Sokol, 'Is a PhD the right option for you?' theguardian.com, Miércoles 12 de Septiembre, 2012.

Ciertamente queremos que nuestros estudiantes tengan éxito. Ellas y ellos tienen derecho al apoyo, los recursos y el contexto necesarios para lograrlo. Con el mayor énfasis en los derechos del consumidor, especialmente en Occidente donde impera el litigio, debería haber tambien un fuerte enfoque en asegurar la calidad. Muchos recordarán el caso de Stella Liebeck que demandó con éxito a la cadena de comida rápida McDonald's, después que volcó en su pierna una taza de café muy caliente. Pidió 20 000 dólares para cubrir su tratamiento médico, pero McDonalds se rehusó a pagarle. En una buena lección para todos los abogados corporativos, cuando el caso llegó a la corte en Nuevo México el jurado le otorgó $2.8 millones de dólares citando la negligencia de la cadena de comida rápida por servir café demasiado caliente, aunque posteriormente el juez redujo el pago final. El café de McDonald's aparentemente sigue siendo tan caliente como antes, pero debemos reconocer que las y los estudiantes —que pagan sumas considerables en concepto de matrícula y gastos de investigación— son, en un sentido, consumidores, y tienen derechos, ¡no solo que no les sirvan café demasiado caliente! También tienen derecho a un trato justo, a contar con instalaciones de alta calidad, a recibir una buena supervisión, y sobre todo a tener una experiencia positiva, sea que logren su título o no. En una institución evangélica no se trata solo de evitar posibles problemas legales, también es cuestión de tratar a nuestras hermanas y hermanos en la fe con integridad, equidad, dignidad y respeto.

Las y los supervisores que nos hemos comprometido a servir al Señor a través de la supervisión doctoral debemos esforzarnos por hacer todo lo que hacemos con excelencia —por respeto a nuestros/as estudiantes, por nuestra propia reputación profesional y, sobre todo, para honrar a Dios.

Aun así, en general e incluso en algunas universidades, hay poca capacitación en el área de la supervisión de estudiantes de doctorado. Hay algunos libros genéricos que son útiles (y que se recomiendan en este manual), pero no todos los leen. Ante la ausencia de capacitación solemos recurrir a nuestra propia experiencia y, conscientemente o a veces inconscientemente, la usamos como modelo.

Cuando dirijo seminarios de capacitación para supervisores de doctorado, a cada participante le doy la oportunidad de reflexionar sobre lo mejor y lo peor de su experiencia de haber recibido supervisión doctoral.

Esta es su oportunidad de hacer precisamente eso:

Preguntas de reflexión

Piense de nuevo en su experiencia general de haber hecho un doctorado (no importa hace cuántos años):

En términos generales, ¿fue una buena experiencia, o no fue buena?

Anote las cinco mejores cosas de esa experiencia.

Ahora anote las cinco peores cosas.

Anote con una serie de palabras algunos de los pensamientos y emociones que le vienen a la mente cuando piensa en su camino al doctorado—por ejemplo: exigente, desafiante, costoso, etc.

Si tuviera la oportunidad de volver a hacerlo, ¿qué es lo que más le gustaría cambiar de su camino al doctorado?

¿Qué es lo que más le gustaría conservar?

¿Cuáles son algunas de las lecciones de su experiencia que le gustaría compartir con las y los estudiantes de investigación que supervisará?

Mi propia experiencia de ser supervisado

Al reflexionar sobre mi propia experiencia de hace más de veinte años, esos años que pasé haciendo mi doctorado fueron algunos de los más agradables y gratificantes de mi ministerio cristiano. Estaba trabajando en un tema con el cual estaba plenamente comprometido, y creía que era muy relevante. Mi supervisor estaba interesado —podría hasta decir "emocionado"— por lo que estaba descubriendo, pero era un británico de la vieja escuela que no expresaba sus emociones, ¡jamás! Se interesó por mí de manera personal, y regularmente preguntaba acerca de mi familia. Tuve acceso a recursos del más alto nivel en términos de biblioteca y archivos. Durante mis estudios de doctorado me dieron algunas oportunidades para presentar conferencias y seminarios y, como ayudante de cátedra, ayude con las calificaciones. Todo lo que entregué para recibir retroalimentación de mi supervisor fue leído con mucha atención, y recibí comentarios detallados. Mi supervisor amablemente me permitió ver algunas notas inéditas de su propia investigación. Teníamos una buena relación de confianza y respeto profesional que se mantuvo después de completar mi doctorado —él sirvió como referencia para el puesto laboral que luego me dieron. Empecé mis estudios de doctorado como estudiante a tiempo parcial mientras trabajaba en el ministerio pastoral —que también me encantaba–, pero personalmente me resultaba difícil darle mi mejor esfuerzo tanto a la iglesia como al estudio. Aunque el desafío creció, recibí la bendición de una beca nacional de investigación. No era generosa, pero cubría mis gastos de matrícula y las necesidades básicas de mi familia, y significaba que podía dedicarme al estudio a tiempo completo. Tengo mucho por qué alabar a Dios, tanto por el proceso como por la experiencia.

Sin embargo, hubo aspectos de mi camino al doctorado que no fueron ideales. La biblioteca donde trabajaba no tenía espacios de estudio designados para estudiantes de investigación, así que tenía que llevar de aquí para allá todos mis libros y mis notas —¡y los estudiantes de doctorado acumulan muchos libros! No había un seminario de investigación en mi área temática, ni había mucha noción de una cultura de investigación —aunque había muchos otros investigadores sirviendo como miembros de la facultad o haciendo su doctorado.

No todo el mundo recuerda haber tenido una buena experiencia doctoral. Libros como *How to Get a PhD*[2] cuentan muchas historias que esclarecen dónde y cómo salieron mal las cosas, y a menudo fue porque no funcionó bien la relación con los supervisores.

Desde que completé mi doctorado he tenido frecuentes oportunidades para reflexionar sobre la experiencia de supervisión con muchos estudiantes y graduados de doctorado y en una gran variedad de contextos. Cuando dirijo capacitaciones para supervisores siempre me interesa escuchar sus historias y experiencias de cómo les fue como estudiantes de doctorado. A continuación comparto algunos de los comentarios que he recibido a lo largo de los años acerca de cosas que fueron útiles o no tan útiles, y algunas experiencias que, francamente, fueron horribles. Algunos fueron supervisados en seminarios teológicos evangélicos y otros en universidades seculares donde no todos los supervisores eran cristianos. Se ofrecen aquí para ilustrar la diversidad de experiencias que los estudiantes pueden llegar a enfrentar en sus estudios de doctorado. Se incluyen sin comentario, ¡pero seguramente usted tendrá sus propias observaciones al respecto! Muchas de las cuestiones aquí planteadas se abordan más adelante en este manual.

Comentarios de estudiantes de doctorado sobre aspectos de su supervisión que les parecieron útiles

- 'Mi supervisor siempre estaba disponible cuando lo necesitaba'.
- 'Mi supervisor me ofreció apoyo y ayuda en las primeras etapas, cuando estaba tratando de encontrar mi dirección'.
- 'Disfruté que mi supervisor me exigiera en lo académico'.
- 'Me animó ver que mi supervisor claramente disfrutaba de mi tema de investigación y que leía con entusiasmo lo que yo había escrito'.
- 'Mi supervisor me pidió que compartiera mis nuevas habilidades y conocimientos académicos con otros'.
- 'Ella se aseguró de que yo estaba conectado con una iglesia'.
- 'Fue bueno ganar experiencia como asistente de cátedra mientras estudiaba para el doctorado'.

---

2. E. M. Phillips y D. S. Pugh, *How to Get a PhD: A Handbook for Students and Their Supervisors* (Maidenhead: Open University Press, 2010).

- 'Disfruté mucho del privilegio de tener conversaciones profundas uno a uno con mis pares a nivel académico'.
- 'Aprecié que mi supervisor me invitara a su casa con un grupo de estudiantes de doctorado'.
- 'Mi supervisor trabajó duro en ayudarme a conseguir financiación para mi investigación'.
- 'Fue increíble todo lo que conocía mi supervisor'.
- 'Sentí que era una persona muy amable y atenta'.
- 'A pesar de ser un académico brillante, tenía los pies en la tierra'.
- 'Ella se aseguró de que yo participara en el seminario de doctorado'.
- 'Aprecié la respuesta rápida a todos los trabajos que entregué para recibir retroalimentación'.
- 'El supervisor estableció expectativas claras para el doctorado: "Obtenga su licencia de conducir y luego conduzca"'.
- 'Mi supervisor me ayudó a que se publicaran mis artículos'.
- 'Mi supervisora me invitó a ser coautor con ella en un proyecto'.

Comentarios de estudiantes de doctorado sobre aspectos de su supervisión que no les parecieron útiles

- 'Mi supervisor "se deshizo de mí" después de dos años diciendo que ya no podía ofrecer supervisión y que encontrase otro supervisor'.
- 'Tuve poca respuesta de mi supervisor cuando lo contacté'.
- 'Mi supervisor casi no comenta mi trabajo y hay grandes partes de las secciones donde ni tengo idea si lo ha leído'.
- 'A mi supervisor no parecía interesarle reunirse conmigo'.
- 'Mi supervisor me hizo comentarios personales groseros e insultantes'.[3]
- 'Mi supervisor no estaba actualizado en su área de especialización, y me pidió que usara fuentes y métodos que se usaban hace veinte años. Eso ocasionó que mis examinadores me pidieran hacer muchas correcciones a la tesis'.
- 'Los seminarios no se controlaban bien y se permitían preguntas irrelevantes'.
- 'Un profesor externo de una universidad conocida fue invitado a dar un seminario de investigación, pero estaba medio borracho, contó chistes groseros y, en su charla, hizo comentarios despectivos sobre la Biblia sin que ningún miembro de la facultad lo frenara'.

---

3. Esto se dio en un contexto universitario secular, pero dondequiera que suceda tal comportamiento es totalmente inexcusable y contrario a la ética profesional, y justifica elevar una queja, como ocurrió en esta circunstancia. Para este estudiante se negoció el cambio a un supervisor alternativo.

- 'No tenía idea de cómo estaba progresando, si me estaba yendo bien o mal. La retroalimentación que recibí era tan general que estaba "volando a ciegas". Necesitaba saber si mi trabajo estaba o no a nivel de doctorado'.
- 'Mi supervisor no me ayudó con la planificación, ni ofreció objetivos claros y alcanzables. Me sentí constantemente abrumado por la magnitud del proyecto que había asumido'.
- 'Después de dos años era claro que nunca iba a terminar el proyecto que emprendí en el tiempo permitido, y que tenía que recortarlo. Mi supervisor se mostró reacio a permitirlo, y seguía diciendo que estaría bien. Al final tuve que hacer los recortes sin su apoyo'.
- 'Nadie me animó a asistir a conferencias ni a presentar trabajos para que se publicaran'.
- 'Se ausentaba por largos períodos sin decirme por adelantado'.
- 'Sentí que mi supervisor no era una persona atenta'.
- 'Ella era muy formal y distante'.
- 'Su estilo era simplemente muy controlador'.
- 'En cuanto enfrenté dificultades, mi supervisor sugirió que abandonara en vez de apoyarme para superarlas'.
- 'No sabía si mi supervisor me estaba apoyando y aconsejando, o evaluando si estaba por fracasar'.
- 'Cualquier cosa que escribía o sugería que estaba fuera del área de experiencia de mi supervisor, la desestimaba de inmediato'.

Preguntas de reflexión

Al leer las experiencias de estos estudiantes, tanto las positivas como las negativas, ¿hay cosas que personalmente le llaman la atención como áreas que usted debería tratar, mejorar o seguir haciendo?

¿Cuáles fueron las cinco cosas más útiles que hizo su supervisor/a?

¿Cuáles fueron las tres cosas menos útiles que hizo?

¿Cómo puede evitar hacer eso mismo?

> ## Jesús como modelo
>
> Haga una lista de características específicas que demostró Jesús como maestro y mentor de sus discípulos?[4]
>
> Basándose en esto, ¿cuáles son los atributos básicos que usted como supervisor/a de doctorado quiere demostrar?
>
> ¿Cuáles son los peores errores que quiere evitar?
>
> Si tuviera que escoger un solo aspecto, ¿cuál es la mejor y singular impresión que quisiera dejar en otros?

El peor escenario posible

Aquí se reproducen, de forma editada, los puntos notables —o mejor dicho los puntos 'infames'— de un desastroso camino al doctorado reportado anónimamente en el periódico *Education Guardian*, el 25 de septiembre de 2001. Demuestra casi todas las formas posibles de mala práctica en la supervisión doctoral:

> En todo su tiempo como estudiante de doctorado se reunió con su supervisor en no más de seis ocasiones y discutió su trabajo por un total de no más de dos horas. Cuando se matriculó en la universidad se enteró que su supervisor se había tomado medio año de sabático. El estudiante, por su propia cuenta, redactó el primer borrador de su tesis en un año y se lo envió al supervisor. Cuando su supervisor regresó dijo que no lo había leído. Doce meses después el supervisor aceptó leerla, pero solo le dió un vistazo a la introducción y al capítulo 1, e hizo algunos comentarios muy negativos. Entonces el estudiante reeditó toda la tesis y la volvió a enviar, pero el supervisor nunca respondió. Más adelante se enteró que su supervisor había vuelto a tomarse un sabático, esta vez por un año. En su lugar fue nombrado un supervisor interino que acababa de obtener su doctorado. El estudiante le mostró su borrador reeditado, y seis meses después le fue devuelto con unos cuantos comentarios. Basándose en estos comentarios, la tesis fue nuevamente reeditada y luego entregada para ser examinada. Después de agendarse la fecha de examen se le informó al estudiante que los examinadores previamente acordados

---

4. Algunas respuestas propuestas en discusión han incluido: Jesús no retuvo información; él modeló personalmente lo que enseñó; aplicó la teoría a la práctica; estaba dispuesto a confrontar el error y el pensamiento equivocado; permitió que sus discípulos probaran los caminos falsos y que cometieran errores; su enfoque era relacional; explicó los asuntos difíciles de manera clara; preparó a sus discípulos para llevar hacia adelante el ministerio.

habían sido reemplazados, aunque no se le había preguntado ni consultado al respecto. El examen se llevó a cabo con examinadores extremadamente hostiles a su área de trabajo y al argumento que presentó. Como era de esperar, la tesis no fue aprobada y se pidieron importantes modificaciones. Cuando el supervisor original regresó de su sabático, dijo que podía usar su influencia para conseguirle un MPhil al candidato. El estudiante rechazó esta oferta, y cuando el supervisor no estaba preparado para evaluar una nueva revisión de la tesis, completó por su cuenta toda la tarea de revisión y la entregó para ser reexaminada. Cuando el supervisor se enteró de esto, se negó a conceder su permiso para que se examinara la tesis. El estudiante insistió con su caso, apeló, fue reexaminado y, notablemente, su tesis fe aprobada. Muchos meses después el estudiante estaba en una librería, mirando los libros de su área de interés, y notó una nueva obra escrita por su supervisor. Al abrirla y leerla, le asombró descubrir que era una versión completamente plagiada de su tesis original, la misma que su supervisor afirmó no haber tenido tiempo de leer unos cuantos años antes.

Este es un caso extremo de faltas profesionales graves. Mi oración es que esta no haya sido su experiencia. En nuestra supervisión debemos asegurarnos de que nunca se repita nada ni remotamente parecido a este tipo de mala práctica.

Caso de estudio

Santiago y Juan son dos estudiantes de investigación muy capaces. Están siendo supervisados por un nuevo miembro de la facultad que ha estado muy interesado en tomar estudiantes de investigación, y a menudo habla de lo emocionado que está por la oportunidad de hacerlo y de que cree que puede traer algo nuevo al proceso de investigación. Como segundo supervisor de las investigaciones doctorales de Santiago y Juan, usted no es su contacto principal. Su rol es ofrecer apoyo general y orientación temática específica, pero no tomar el rol principal en la supervisión. De vez en cuanto se reune con Santiago y Juan para ver cómo van con sus respectivos trabajos, y al principio parecen estar generalmente satisfechos, pero luego comienzan a comentar que sería bueno ver más a menudo a su supervisor principal. Después de un año, tanto Santiago como Juan reportan, en los formularios de retroalimentación estudiantil que regularmente envía la institución, que les gustaría tener más contacto con su supevisor principal, y recibir retroalimentación más detallada sobre su trabajo. Usted decide reunirse con ellos para hablar del tema, y aunque no desean quejarse formalmente de cómo van las cosas, queda claro que en los últimos 6 meses solo han visto a su supervisor dos veces, a pesar de que están en las primeras etapas de sus investigaciones. Ambos sienten que su supervisor principal no ofrece muchos comentarios a su trabajo escrito, y cuando piden retroalimentación simplemente dice que 'está bien'. Usted pide ver un trabajo que hayan presentado, y encuentra que el supervisor principal solo ha hecho algunos comentarios aquí y allá en los márgenes. Santiago bromea, "a veces me pregunto si realmente lee lo que entrego". Usted conversa informalmente con el supervisor principal sobre cómo van las cosas con sus estudiantes, y él dice que ambos están bien y no necesitan mucha retroalimentación o dirección de él. Cuando usted trata de preguntarle un poco más, se pone a la defensiva y dice que su estilo es alentar la independencia y no 'abarrotar' al investigador. Luego comienza a agitarse un poco y afirma que 'a fin de cuentas el trabajo es de ellos'. Después de otros dos meses, Santiago dice que está considerando si abandonar o no el programa.

Preguntas

¿Qué cuestiones institucionales plantea este asunto?

¿Qué pasos debe tomar como segundo supervisor/lector en esta situación?

4

El desarrollo de las habilidades de pensamiento crítico: la construcción de los cimientos para el doctorado

Según los Estándares de Beirut de ICETE, la cualificación de doctorado será otorgada a estudiantes que han demostrado:

> la capacidad para el análisis crítico, la evaluación independiente de fuentes primarias y secundarias, y la síntesis de ideas nuevas e interconectadas empleando argumentaciones coherentes.[1]

Para completar con éxito un doctorado, estudiantes deben demostrar habilidades de reflexión de alto nivel, aplicadas de manera relevante en un extenso trabajo escrito.

Aprendizaje superficial y aprendizaje profundo

Expertos en el campo de la educación superior han distinguido entre el 'aprendizaje superficial' y el 'aprendizaje profundo.'[2]

El aprendizaje superficial

En este enfoque, la persona 'que sabe' es el docente. El estudiante memoriza y repite lo que el profesor enseña. Se considera aprendizaje cuando los estudiantes colman su

---

1. 'Los Estándares de Beirut,' en Shaw, *Principios y mejores prácticas*, Sección 1.
2. Por ejemplo, Jackie Lublin, 'Deep, Surface and Strategic Approaches to Learning,' en *Good Practice in Teaching and Learning*, Training Document of Centre for Teaching and Learning: University College, Dublin, 2003; y 'Surface and Deep learning–University of Birmingham,' https://intranet.birmingham.ac.uk/as/cladls/edudev/documents/public/ebl/journey/surface-and-deep-learning.pdf.

mente con grandes cantidades de información y luego la repiten para satisfacer al docente o examinador. No es necesario que la información impacte o cambie al estudiante. La habilidad educativa clave que se enseña en el 'aprendizaje superficial' es la capacidad de recordar detalles.

Este enfoque tiende a producir un currículo con mucho contenido. Los estudiantes trabajan duro, y aprenden todo lo que pueden de la persona al frente de la clase, 'que sabe'. El enfoque desalienta el aprendizaje independiente y produce una fuerte dependencia del docente.

El resultado de este enfoque es que los estudiantes exitosos son buenos en recordar información fáctica y detallada, pero mucho menos capaces de hacer conexiones y construir hipótesis. Los estudiantes aprenden a superar pruebas y hacer los 'malabares' que la institución de estudio les exige, y están motivados por el miedo al fracaso.

Los estudiantes formados en este contexto se desempeñan bien en entornos de aprendizaje estructurado y prosperan en procedimientos de evaluación detallados y estrechamente articulados. Sin embargo, descubren que están mal equipados para lidiar con los enfoques flexibles, creativos y originales que constituyen el corazón de la investigación avanzada, especialmente a nivel de doctorado.

El aprendizaje profundo

Aunque el aprendizaje superficial puede aportar información y conocimientos útiles para realizar más estudios, la naturaleza del "aprendizaje profundo" es diferente y tiene más que ver con el desarrollo de habilidades para entender, usar y aplicar información. Los estudiantes de investigación necesitan ir más allá de la información puramente fáctica, a conectar el conocimiento y la comprensión. Necesitan un enfoque más integral que les permita ir más allá de la comprensión de los detalles pequeños para tener una visión de conjunto. Es vital que puedan apreciar cómo se relacionan sus conclusiones con la discusión académica más amplia.

En el aprendizaje profundo el énfasis no está solo en aumentar el conocimiento, sino en también formar las habilidades de razonamiento de los estudiantes. Se convierte en una forma de encontrarle sentido al mundo mediante la exploración detallada de un tema en particular. A las y los estudiantes se les anima a 'ver' cómo algo funciona.

Esto significa que los docentes hacen hincapié en el significado y la pertinencia del tema de estudio. Animan y empoderan a las/los estudiantes a pensar de manera independiente y a escoger de manera responsable. A las y los estudiantes les motiva el interés por el tema, y el deseo de conocer, entender y aplicar lo que aprenden, en lugar de solo querer superar las evaluaciones.

Del conocimiento a la comprensión

En las/los estudiantes de doctorado, es importante construir las habilidades de 'aprendizaje profundo', que son fundamentales para el pensamiento crítico independiente y para la investigación. Las/los estudiantes de doctorado necesitan construir del conocimiento hacia la comprensión.

Quienes buscan el conocimiento

- Almacenan información fáctica y conceptual
- Descomponen (o separan) el conocimiento en subunidades
- Se esfuerzan por resolver problemas de manera metódica
- Ponen mayor énfasis en la información

Quienes buscan comprender

- Trazan vínculos con otras áreas del conocimiento
- Encuentra maneras de reestructurar los materiales
- Combinan y producen ideas y argumentos
- Les gusta encontrar una 'visión de conjunto'
- Buscan estructuras y significados subyacentes
- Son intuitivos en cuanto a las soluciones y los resultados

Tanto la "búsqueda de conocimiento" como la "búsqueda de comprensión" son vitales para las y los estudiantes de doctorado, pero la progresión de las habilidades debe ser hacia un énfasis en la búsqueda de comprensión.

A veces se usa la frase "aprendizaje autogestionado" para hablar de lo que se requiere para ser estudiante de doctorado. Eso resume de manera útil lo que se pretende con el desarrollo de habilidades.

Pensamiento crítico / juicio reflexivo

En la construcción de las habilidades de reflexión profunda es crucial desarrollar la capacidad de pensamiento crítico, es decir de emitir juicios reflexivos independientes.

Los expertos en este campo utilizan la frase 'pensamiento crítico' en un sentido *positivo*, para referirse a "una curiosidad inquisitiva, una agudeza mental, una diligente dedicación a la razón y un anhelo de encontrar información confiable".[3]

En algunos sistemas educativos esto se inculca desde una edad temprana, pero en otros se entiende como irrespetuoso hacia los maestros y las tradiciones. En las culturas donde

---

3. P. A. Facione, *'Critical Thinking: What It Is and Why It Counts'*, www.insightassessment.com, 2023 update, 9.

se trata con gran respeto y cortesía al maestro, o a los grandes pensadores del pasado o incluso del presente, el énfasis está en aprender y reproducir afectuosamente su trabajo. Estudiantes que vienen de este tipo de contexto carecen de una facilidad natural para las habilidades de análisis e investigación crítica. Hacerse preguntas profundas sobre por qué se escribió algo, y si sus presupuestos son correctos, no les es fácil. En estos casos, las/los supervisores deben trabajar duro para que sus estudiantes desarrollen estas nuevas habilidades y las puedan demostrar. Son cruciales para tener éxito a nivel de doctorado.

Algunos podrían cuestionar la validez de este énfasis en el pensamiento crítico independiente, argumentando que proviene de la filosofía griega o de la Ilustración Occidental. Sin embargo, hay argumentos sólidos para sostener que la capacidad de hacer un análisis crítico, o de emitir juicios reflexivos e independientes, es de hecho una facultad dada por Dios que la persona cristiana debe usar. Por lo tanto, como una facultad creada, ha de englobar culturas y tiempos.

Un argumento bíblico a favor del juicio reflexivo

Una facultad creada por Dios

Apenas finalizado el acto de creación, se les pide a Adán y Eva que usen su juicio reflexivo en respuesta obediente a los mandamientos del Creador —Génesis 2:15-17. Se les presentan las consecuencias de una elección correcta e incorrecta, pero se les invita a utilizar el juicio reflexivo con el que fueron creados. Trágicamente, erran con su juicio. Y las consecuencias son terribles. El relato muestra que la capacidad de decisión y elección razonada estuvo allí antes de la caída. El problema no está en la capacidad, sino en su uso desacertado para evaluar la información defectuosa provista por el tentador. Aunque ahora, en un mundo caído, la capacidad de juicio reflexivo está profundamente viciada, sigue siendo un aspecto importante del orden creacional.

Sabiduría

La sabiduría se celebra en las Escrituras, pero tiene que ser aprendida y debe estar asociada con la fe —"El comienzo de la sabiduría es el temor del Señor" (Prov 9:10). La sabiduría necesita ser usada bien tanto en los contextos espirituales como en los no espirituales. Salomón le pidió sabiduría a Dios, y la usó bien en el caso de las dos madres y los bebés (1Re 3:16-28). Trágicamente, no lo usó bien en su elección de parejas matrimoniales. Incluyo mujeres que adoraban a dioses extranjeros, y así socavo el culto de su nación, que había sido diseñado para ser exclusivo de Dios.

Juicio reflexivo y sabio consejo

Una figura clave en la corte de David era Ajitofel, reconocido por su sabio consejo. Cuando Absalón lo invitó a unirse a su causa, le preocupó tanto a David que indujo a Husay el arquita a ofrecer sus servicios a Absalón como otro consejero, para desbaratar el consejo de Ajitofel (2 Sam 15). Como resultado, la capacidad de Absalón de tomar decisiones queda atascada por el consejo contrario de Husay. El juicio reflexivo implica decidir entre voces que compiten entre sí; se ejercita en un área de disputa.

El juicio reflexivo contrarresta la toma de decisiones demasiado emotiva o prejuiciada

Hay otro ejemplo instructivo después de la muerte de Salomón, cuando las quejas del pueblo son presentadas ante su hijo Roboán por Jeroboán (1Re 12). Roboán busca el consejo de los exasesores de Salomón y luego de los jóvenes de la corte. Debe tomar una decisión reflexiva a partir de lo que oye. Una vez más, la decisión está viciada, estimulada por impulsividad y emoción engendradas por su grupo de pares, no por la evidencia. Las y los estudiantes de doctorado necesitan sopesar información que a menudo es contradictoria y, con cuidado, alcanzar una decisión basándose en la evidencia, no en la emoción.

El juicio reflexivo cristiano está bíblicamente informado

Para las/los cristianos el juicio reflexivo tiene una dimensión adicional, evidenciada en el Nuevo Testamento cuando el Apóstol Pablo visita Berea. Esto ocurre inmediatamente después de su rechazo en Tesalónica (Hechos 17:2-3), donde 'discutió con ellos. Basándose en las Escrituras, explicaba y demostraba que era necesario que el Cristo padeciera y resucitara'. Aunque algunos fueron persuadidos por cómo Pablo presentó los argumentos bíblicos, otros tesalonicenses rechazaron violentamente el mensaje de Pablo. El recibimiento en Berea fue muy diferente. Los bereanos recibieron a Pablo y Silas "muy dispuestos a recibir el mensaje", pero usaron su juicio reflexivo antes de decidir cómo responder. Cuidadosamente evaluaron lo que les decía el Apóstol, examinando las Escrituras todos los días para ver si 'era verdad'. El juicio reflexivo bíblicamente informado se despliega con resultados positivos.

El juicio reflexivo debe ser refinado y aplicado en comunidad

La dimensión comunitaria del uso del juicio reflexivo se muestra en Hechos 15. Aquí se debate la difícil cuestión de incorporar a los gentiles convertidos en la iglesia. Las diferentes facciones expresan sus puntos de vista, la evidencia se pondera a la luz de las Escrituras y luego Santiago presenta un resumen de parte de los apóstoles. Esto pone de relieve la importancia del debate y el diálogo en la comunidad (académica), el valor de sopesar diferentes perspectivas y de explorar sus consecuencias. En ese momento crucial para la iglesia, el uso creativo de la racionalidad —dada por Dios— para llegar a un juicio reflexivo fue importantísimo.

Las habilidades dadas por Dios deben ser usadas de una manera profunda y aplicada

Según leemos en las Escrituras, la capacidad de pensamiento crítico e independiente es una facultad dada por Dios desde la creación, y la persona cristiana está llamada a usarla como corresponde. Las y los creyentes la despliegan activamente —no siempre bien— a lo largo del Antiguo y el Nuevo Testamento. Por lo tanto, pedirle a estudiantes de culturas y/o sistemas educativos donde esto es menos prominente que elaboren un trabajo de investigación original basado en el uso del pensamiento crítico, no les está imponiendo un método griego u occidental-ilustrado, sino más bien liberándolos para usar lo que es una capacidad dada por Dios. Las herramientas y métodos con los que se hace uso del juicio reflexivo bien pueden haber sido desarrollados en el mundo occidental, como el cuestionamiento socrático, el razonamiento silogístico o el enfoque dialéctico hegeliano, pero se basan en la capacidad creada. Por lo tanto, la persona cristiana evangélica es capaz de usar su mente redimida e iluminada por el Espíritu para desplegar su capacidad de razonamiento crítico de una manera bíblica y teológicamente informada, como una dimensión de lo que significa amar a Dios con "corazón, alma y mente".

De hecho, es notable el contraste con quienes se niegan a usar esta capacidad dada por Dios. Las personas que rechazan el mensaje de la Biblia a menudo son condenadas como animales que no razonan —2 Pedro 2:12; Judas 10; Hechos 19:9.

La reflexión crítica es, por tanto, un aspecto de las disciplinas cristianas diarias: somos llamados a leer, interpretar correctamente y aplicar las Escrituras a situaciones de la vida cotidiana, y a resguardar contra interpretaciones —nuestras y de otros— que son extremas, fanáticas o erróneas. Una persona cristiana irracional, que obedece a ciegas las imposiciones de alguna autoridad externa o se deja impulsar por cualquier emoción, no está en sus cabales.

Esto significa que desarrollar la capacidad de juicio reflexivo independiente no es solo para estudiantes de doctorado. Debe ser alentada para todas y todos los cristianos, para que les dirija a escudriñar las Escrituras —para pensar, explorar y profundizar su fe. Así serán aprendices activos, y no irracionales ni pasivos. El juicio reflexivo hace posible que las/los cristianos tomen decisiones informadas, sin seguir ciegamente los dictámenes de un líder religioso. Les da la capacidad de **interpretar y aplicar** las Escrituras en contextos cotidianos —en la casa y el trabajo— sin necesitar un tutelaje constante. Fomenta la integración de la fe y la vida.

Según un importante estudio educativo, el juicio reflexivo significa que ante decisiones sobre qué creer o hacer se toman en cuenta de forma razonada "la evidencia y los contextos, métodos, estándares y conceptualizaciones".[4]

Así que a las y los estudiantes de doctorado cristianos se les está pidiendo que ejerciten una habilidad que todas las personas cristianas en todos los niveles deben demostrar, pero que lo hagan a un nivel más alto, y con un mayor grado de sofisticación académica.

El pensamiento crítico resguarda la fe y la sociedad

A lo largo de la historia ha habido agresiones contra la erudición, ya sea con la quema de libros, el exilio de intelectuales, o por ordenanzas dirigidas a suprimir la libertad de investigación. Pretenden frustrar la búsqueda basada en la evidencia, imparcial e irrestricta del conocimiento. Muchos regímenes totalitarios han basado sus sistemas educativos en la desinformación sobre el pasado, o en la prohibición de estudiar esos hechos.

Esto significa que las sociedades deben darle un valor muy alto al pensamiento crítico. En los Estados Unidos, el Informe Delphi de 1990 dio a conocer los resultados de un proyecto de dos años para articular un consenso internacional de expertos sobre el pensamiento crítico, incluyendo las habilidades cognitivas clave que lo componen. Los expertos identificaron las características de un pensador crítico ideal, y presentaron una serie de recomendaciones para la enseñanza y evaluación del pensamiento crítico.

El Informe Delphi[5] definió al pensamiento crítico como,

> el juicio deliberado y autorregulado que resulta en interpretación, análisis, evaluación e inferencia, junto con la explicación de las consideraciones probatorias, conceptuales, metodológicas, criteriológicas o contextuales en las cuales se basa dicho juicio. El pensamiento crítico es esencial como herramienta de investigación. Como tal, el pensamiento crítico es una fuerza liberadora en la educación y un poderoso recurso en la vida personal y cívica de cada individuo. Si bien no es sinónimo del buen pensar, el pensamiento crítico es un fenómeno humano omnipresente y autorrectificador.

Definieron específicamente al pensador crítico ideal como,

> una persona habitualmente inquisitiva, bien informada, que confía en la razón, de mente abierta, flexible, justa e imparcial para evaluar, honesta ante sus sesgos personales, prudente en sus juicios, dispuesta a reconsiderar, clara en

---

4. *The APA Delphi Report, Critical Thinking: A Statement of Expert Consensus for Purposes of Educational Assessment and Instruction*, 1990 ERIC Doc. No: ED, 315-423.

5. P. A. Facione, *Critical Thinking: A Statement of Expert Consensus for Purposes of Educational Assessment and Instruction, Executive Summary, 'The Delphi Report'* (The California Academic Press, Millbrae, 1990).

cuanto a cuestiones problemáticas, ordenada ante asuntos complejos, diligente en la búsqueda de información relevante, razonable en la selección de criterios, enfocada en indagar e investigar, y persistente en la búsqueda de resultados tan precisos como permiten el tema y las circunstancias de la investigación.

Formar buenos pensadores críticos ayuda a que la sociedad en general trabaje hacia este ideal.

Habilidades y enfoques clave en el desarrollo del pensamiento crítico

El Informe Delphi identificó una serie de habilidades que se consideran esenciales para el pensamiento crítico, junto con una serie de subhabilidades relacionadas:[6]

Habilidad	Subhabilidad	Preguntas relacionadas
1. Interpretación	Categorizar	¿Cómo caracterizamos/categorizamos esto?
	Dilucidar la importancia	¿Cómo entendemos este evento/experiencia/declaración en este contexto?
	Clarificar el significado	¿Qué significado se puede atribuir a lo que se dijo/hizo?
	Preguntas relacionadas	¿Cómo influye en esto el contexto?
		¿Cómo interpretamos esta declaración/cuestión?
		¿Hacia dónde puede llevar esto?
2. Analysis	Examinar las ideas	¿Por qué una persona piensa de esa manera?
	Identificar argumentos	¿Cuáles son los argumentos a favor y en contra?
	Analizar argumentos	¿Qué hay detrás de este argumento/idea?
		¿Cómo afectan estos argumentos a la conclusión?
3. Evaluación	Evaluar postulados	¿La persona es sana/confiable en su juicio?
	Evaluar argumentos	¿Los argumentos son suficientemente claros/fuertes?
		¿Son correctos los datos fácticos?
		¿Es confiable la conclusión?
4. Inferencia	Examinar la evidencia	¿Qué implicaciones supone o acarrea la evidencia?
		¿Qué más necesitamos saber?
		¿Qué problemas se pueden prever con este argumento/enfoque?
	Sugerir alternativas	¿Hay otra explicación?
		¿Son correctos los supuestos en los que se basa?

---

6. 'APA Delphi Report', en *Critical Thinking*, ed. Facione, www.insightassessment.com, 2015 update, 10.

Habilidad	Subhabilidad	Preguntas relacionadas
	Construir conclusiones	¿Hay otras alternativas a considerar?
		¿Cuáles son los resultados/consecuencias si se sigue este argumento/política?
		¿Adónde nos llevan los presupuestos?
5. Explicación	Exponer los resultados	¿Qué se encontró?
		¿Qué no se encontró?
	Justificar los procedimientos	¿Cómo se obtuvieron los resultados?
		¿Cómo se llegó a la interpretación?
	Presentar los argumentos	¿El argumento está construido de manera lógica, paso por paso?
		¿Se ha explicado de manera clara la respuesta/decisión?
		¿Qué hizo que el escritor pensara que esta es la respuesta correcta?
		¿La conclusión se desprende con fluidez del argumento?
		¿El autor ha explicado de manera adecuada su conclusión?
6. Autorregulación	Autoexaminación	¿Qué tan buena es la evidencia que se presentó?
		¿Se puede mejorar?
		¿Fue apropiada la metodología?
		¿Cómo se puede conciliar la evidencia conflictiva?
	Autocorrección	¿Falta algo?
		¿Son convincentes las conclusiones?

Cualidades personales que necesitan las/los pensadores críticos

Se ha identificado una serie de aspectos de disposición y carácter personal que contribuyen al pensamiento crítico en las/los estudiantes. Sirven como un esquema útil de las virtudes intelectuales que se deben desarrollar en estudiantes a nivel de maestría —antes que comiencen su trabajo a nivel de doctorado–, y que se deben nutrir aún más en estudiantes de doctorado. Son vitales para el crecimiento hacia la madurez académica.

i) compromiso con la búsqueda de la verdad,
ii) una mente abierta,
iii) habilidad analítica,
iv) capacidad de sistematizar,
v) disposición a formular preguntas clave,

vi) confianza en sí mismo.

A la luz de estos estudios, muchas facultades y universidades lanzaron cursos de pensamiento crítico para ayudar a desarrollar estas habilidades vitales.

El amplio valor transferible del pensamiento crítico

Este fue el consejo del Jefe del Estado Mayor Conjunto sobre el valor del pensamiento crítico, expresado en su discurso de graduación a una promoción de oficiales militares:

> Ustedes recordarán cómo se les inspiró a **pensar críticamente** y a cuestionar sin miedo... leer amplia y profundamente, a nunca dejar de analizar y de crecer intelectualmente... Lo que pido es esto: pásenselo a otros.[7]

Algunos aspectos clave

Las y los estudiantes necesitan reconocer que el mundo es un lugar complejo, que los problemas son reales y que no se resuelven fácilmente. Darse cuenta de esto ayuda a desarrollar personas más equilibradas e integradas. La capacidad de pensar sabiamente debe extenderse a todos los aspectos de la vida y la conducta. Las y los estudiantes que son pensadores críticos estarán equipados con herramientas avanzadas para manejar las perplejidades de la vida y del ministerio cristiano.

No es de extrañar que muchas personas que cuentan con cualificaciones doctorales son invitadas a asumir roles de liderazgo estratégico. La capacitación que recibieron les permitió desarrollar y agudizar sus habilidades de pensamiento crítico.

Cómo resistir el impulso crítico destructivo

Una de las críticas al pensamiento crítico es que produce cristianas y cristianos que cuestionan todo y dudan de todo. ¿Necesariamente sucederá eso?

La respuesta es no. Sin duda, las personas cristianas buscan la verdad. La 'verdad' existe, reside en Dios y debe ser explorada, y eso es lo que anhelamos encontrar. De hecho, esto es muy profundo y significativo. Cuando buscamos la 'verdad' sobre un asunto en particular estamos explorando aspectos de la mente de Dios y de cómo él obra. Las personas cristianas evangélicas que son pensadores críticos hacen lo siguiente:

i) Reconocen que existe un problema y discurren sobre eso en su propuesta de investigación o el planteamiento de su tesis

ii) Reconocen que hay evidencia —'fuentes'— que deben ser consideradas, incluyendo la Biblia y textos primarios clave

---

7. Mike Mullen, 'Navy Admiral,' 11 Junio 2009, citado en Facione, *Critical Thinking*, 1.

iii) Reconocen que Dios nos ha dado la mente con la cual abordar y proponer respuestas a los problemas

Por lo tanto, el pensamiento crítico tiene que ver con tener una mente abierta sin ser dubitativos. Es analítico sin ser excesivamente puntilloso. Las y los pensadores críticos pueden ser decisivos sin ser tercos, evaluativos sin ser criticones, y contundentes sin ser tozudos.[8]

Quienes son buenos pensadores reflexivos dicen:

i) "Detesto cuando las personas dan solo su opinión, sin dar las razones".
ii) "No hay que tomar una decisión hasta haber considerado otras opciones".
iii) "Me gusta leer la fuente original por mi cuenta, no solo el resumen que alguien hizo".
iv) "Me gusta cuando el asunto se plantea con claridad".
v) "Es bueno que los argumentos complejos se presenten de una manera ordenada".
vi) "Aprecio cómo se ha recopilado la información, en detalle, pero sin perder de vista la visión de conjunto".
vii) 'Me gustó la forma equilibrada en que el autor se acerca a los problemas'.

Quienes no son buenos pensadores críticos dicen:

i) "No pierdo tiempo averiguando lo que han dicho otros autores."
ii) "Prefiero obtener las respuestas sin tener que lidiar con la evidencia y los argumentos que la sustentan".
iii) "Soy sincero en lo que creo, así que la evidencia no es importante ni de un lado ni del otro".

Es un proceso

El desarrollo de las habilidades de pensamiento crítico lleva tiempo, y no se detiene ni siquiera cuando se ha obtenido un doctorado.

Para leer más

The APA Delphi Report, Critical Thinking: A Statement of Expert Consensus for Purposes of Educational Assessment and Instruction, 1990 ERIC Doc. No: ED, 315-423.
Cottrell, S. *Critical Thinking Skills: Developing Effective Analysis and Argument*, 2ª edición. Basingstoke: Palgrave, Macmillan, 2011.
———. *The Study Skills Handbook,* 4ª edición. Basingstoke: Palgrave, Macmillan, 2013.

---

8. Facione, *Critical Thinking*, 25.

Facione, P. A. *Critical Thinking: What It Is and Why It Counts.* www.insightassessment.com, 2015 update, p. 10.

———. *Critical Thinking: A Statement of Expert Consensus for Purposes of Educational Assessment and Instruction, Executive Summary, 'The Delphi Report.'* Millbrae, CA: The California Academic Press, 1990.

Lublin, J. 'Deep, Surface and Strategic Approaches to Learning.' en *Good Practice in Teaching and Learning*, Training Document of Centre for Teaching and Learning: University College, Dublin, 2003; y 'Surface and Deep learning–University of Birmingham,' https://intranet.birmingham.ac.uk/as/cladls/edudev/documents/public/ebl/journey/surface-and-deep-learning.pdf.

Murray, R. *How to Write a Thesis*, 2ª edición. Maidenhead: Open University Press, 2006.

Paul, R. y L. Elder. *The Miniature Guide for Those Who Teach on How to Improve Student Learning: 30 Practical Ideas.* Dillon Beach, CA: Foundation for Critical Thinking Press, 2003.

———. *The Miniature Guide to the Art of Asking Essential Questions.* Dillon Beach, CA: Foundation for Critical Thinking Press, 2005.

———. *The Miniature Guide to Critical Thinking Concepts and Tools.* Dillon Beach, CA: Foundation for Critical Thinking Press, 2009.

Smith, K. *Writing and Research: A Guide for Theological Students.* Carlisle: Langham Global Library, 2015.

Torrance, M. y G. Thomas. 'The Development of Writing Skills in Doctoral Research Students.' en *Postgraduate Education and Training in the Social Sciences. Processes and Products*, editado por R. G. Burgess, 105-123. Londres: Jessica Kingsley, 1994.

5

El desarrollo de las habilidades críticas a nivel de maestría

El aprendizaje académico se basa en el concepto de la progresión de habilidades, por lo que es importante entender cuáles son las diferencias en los niveles de habilidades entre el trabajo a nivel de posgrado o maestría, y los que se necesitan para trabajar a nivel de doctorado. Una vez que entendemos eso, debemos desarrollar formas de enseñar estas nuevas habilidades y sus respectivas capacidades. Es claro que gran parte de este trabajo debería hacerse antes de empezar los estudios de doctorado. De hecho, si a nivel de maestría los estudiantes no han empezado a demostrar las competencias que necesitarán demostrar a nivel de doctorado, no deben ser admitidos a un programa de doctorado.

A medida que un/a estudiante avanza por los niveles académicos, aumenta el énfasis que se pone en el aprendizaje independiente y en la capacidad de formar opiniones independientes. En última instancia, en la tesis/disertación final escrita a nivel de doctorado, él o ella debe demostrar su capacidad de emprender una investigación original y de ofrecer una contribución original al conocimiento.

Preguntas de reflexión

¿Qué encontró más diferente entre el estudio a nivel de maestría y el de doctorado en su área de especialización?

¿En qué aspectos sus estudios de maestría le prepararon para estudiar a nivel de doctorado?

¿En qué aspectos sus estudios de maestría no le prepararon para estudiar a nivel de doctorado?

Estándares para Programas de Maestría

El Proceso de Bolonia (del Espacio Europeo de Educación Superior) ha establecido una serie de estándares que describen las competencias clave que se consideran necesarias para el nivel de maestría.[1] Lo siguiente es un resumen.

El grado de Maestría se otorga a estudiantes que han demostrado:

- una comprensión sistemática del conocimiento de vanguardia en la disciplina
- conciencia de los temas actualmente a la vanguardia en su disciplina académica
- comprensión integral de las técnicas pertinentes a su investigación, y cómo se usan para crear e interpretar conocimientos
- evidencia de originalidad en la aplicación de conocimientos y el abordaje de problemas
- comprensión conceptual avanzada
- capacidad de evaluar los conocimientos de avanzada en la disciplina
- capacidad de evaluar y criticar metodologías
- capacidad de mostrar originalidad en la aplicación del conocimiento a un contexto nuevo o desconocido

Como resultado del estudio a nivel de Maestría, estudiantes deben poder:

- abordar temas complejos de forma sistemática y creativa
- emitir juicios bien fundamentados aun a falta de datos completos
- comunicar sus conclusiones con claridad
- demostrar autodirección en la resolución de problemas
- actuar de forma autónoma en la planificación y ejecución de tareas
- seguir avanzando en su conocimiento y comprensión
- desempeñarse con iniciativa y responsabilidad personal
- demostrar capacidad de aprendizaje independiente
- comprender cómo la investigación extiende los límites del conocimiento
- formular juicios basándose en información incompleta o limitada
- demostrar responsabilidad e iniciativa personal en entornos profesionales complejos e imprevisibles.

---

[1] www.qaa.ac.uk/en/Publications/.../Masters-degree-characteristics.pdf, Appendix 2a: Descriptor for a higher education qualification at level 7: Master's degree.

Preguntas de reflexión

Subraye las palabras clave en las dos listas anteriores.

¿Qué significan?

Haga una lista de las habilidades clave necesarias a nivel de doctorado que se deben haber demostrado a nivel de maestría.

¿Cómo se deben enmarcar las evaluaciones del trabajo realizado a nivel de maestría para que fomenten el aprendizaje autodirigido?

Habilidades para contextos profesionales

Muchos cursos de maestría son tomados por profesionales que quieren profundizar sus conocimientos y su comprensión, pero también quieren mejorar su capacidad en la toma de decisiones. Por esta razón es importante desarrollar, a nivel de maestría, la capacidad de formar juicios independientes. Así como a menudo no hay respuestas simples de 'sí o no' a muchas preguntas académicas, también en contextos profesionales las y los estudiantes necesitan poder encontrar una manera de resolver problemas que tienen muchas aristas y perspectivas sin que estas les abrumen. De lo contrario no podrán tomar decisiones autónomas.

Por lo tanto, gran parte del estudio realizado para los grados de maestría debe estar a la vanguardia de la disciplina académica o profesional.

Desarrollo de habilidades básicas

1) Conocimientos

Una de las necesidades clave de las/los estudiantes de doctorado es contar con un alto nivel de conocimientos a la vanguardia de la disciplina. Los *Estándares de Beirut (de ICETE) para estudiantes de doctorado en investigación* lo expresan en términos de mostrar "**entendimiento amplio y sistemático**", y de producir trabajo que "**extiende las fronteras del conocimiento**".

Los conocimientos 'a la vanguardia de la disciplina' pueden lograrse con buena enseñanza y lectura extensa, y para eso se necesitan docentesque estén bien informados respecto a los últimos avances en el campo y que sean investigadores activos. Pero obtener un doctorado tiene que ver con más que aprender una gran cantidad de datos e información.

Ayudar a las/los estudiantes a demostrar un "entendimiento amplio y sistemático" significa inculcarles la capacidad no solo de aprender y repetir información, sino de entender lo que significa. Por eso, usar un enfoque de "aprendizaje superficial" en el nivel inmediatamente anterior a la tesis doctoral —la maestría o incluso la fase de cursos del doctorado— que simplemente requiere que estudiantes aprendan material a partir de conferencias, artículos y libros y lo repitan en ensayos, exámenes o preguntas de opción múltiple solo servirá para construir un banco de conocimientos de tipo informativo. Esto puede ser valioso en niveles académicos anteriores, pero en sí mismo no es suficiente a nivel de maestría ni en la preparación de estudiantes para el nivel de doctorado. Las evaluaciones basadas en la simple reproducción de conocimientos no son una buena manera de desarrollar las habilidades necesarias para elaborar una tesis a nivel de doctorado.

2) *Comprensión*

El conocimiento necesita estar conectado con la comprensión. Una cosa es saber acerca de un asunto o un problema, pero entender cómo funciona o por qué es otra. La comprensión, una vez lograda, puede aplicarse a resolver problemas, evaluar dificultades y proponer nuevos enfoques.

La comprensión se logra mediante un proceso por el cual se somete un cuerpo de información (conocimiento) a las habilidades de razonamiento, indagación, síntesis y aplicación. Hace falta trabajar duro para construir una comprensión a partir de una serie de evidencias que requieren ser probadas y evaluadas. Una vez que se logra la comprensión, su validez perdura hasta que surjan otras evidencias o conclusiones.

Con el paso del tiempo, la información y los enfoques sobre los cuales se basa una disciplina están sujetos al cambio. En el nivel de maestría, las/los estudiantes necesitan aprender la habilidad de la comprensión, que les permite manejar y emplear la información de maneras eficaces y significativas. Luego necesitan mantener una modalidad de aprendizaje y desarrollo profesional continuos que les permitan reconocer los cambios y por qué están sucediendo. Necesitan ser enseñados a reflexionar críticamente sobre las ideas de otros. Pero también necesitan poder reflexionar críticamente sobre sus propias ideas y prácticas —es decir, ser practicantes activamente reflexivos.

Para quienes enseñan en el nivel de maestría, esto significa mucho más que simplemente conseguir que sus estudiantes reproduzcan su manera de pensar. Las y los estudiantes necesitan desarrollar sus propias habilidades y enfoques independientes con los cuales abordar los problemas. Puede ser reconfortante para las/los docentes escuchar que sus estudiantes repiten sus ideas y enfoques en clases y seminarios, pero para un nivel avanzado estas ideas y enfoques necesitan ser integrados con los antecedentes, el contexto, la cultura, la experiencia y la personalidad de cada estudiante. Necesitan ser apropiados e integrados. Las y los docentes necesitan abrirse a la evaluación crítica de sus enfoques, y no sentir que es una amenaza cuando ocurre.

Las habilidades de pensamiento crítico a desarrollar

i) **Una mente inquisitiva** —provee un impulso a la búsqueda del conocimiento. Reconoce que hay algunas cosas de las que no podemos estar seguros, que existen problemas y que hay que trabajar duro para resolverlos. Para algunos estudiantes de maestría y doctorado, es necesario mantener la mente inquisitiva bajo control, para que los proyectos que desarrollan no sean demasiado grandes. Para otros se trata de darse 'permiso para pensar y ser inquisitivos'.

ii) **Capacidad y confianza** —para que las/los estudiantes puedan emitir juicios defendibles y basados en altos niveles de conocimiento y comprensión.

iii) **Discernimiento** —Las/los estudiantes necesitan reconocer que hay muchas cuestiones complejas en la discusión académica en torno a un tema o problema, y que puede no haber una respuesta claramente correcta o equivocada.

iv) **Habilidades interpretativas** —los juicios deben emitirse basados en las habilidades de interpretación de la evidencia.

v) **Responsabilidad** —Las/los estudiantes necesitan entender que las decisiones tienen consecuencias significativas y deben tomarse con responsabilidad. No se trata de un "juego académico" de disciplinas teológicas —los temas estudiados son significativos para la iglesia e importantes para muchos creyentes.

vi) **Apertura** —Las/los estudiantes necesitan ser conscientes de que sus conclusiones siempre están abiertas a ser reevaluadas por otros —es posible que el debate nunca esté totalmente cerrado.

Ejercicio

Pida a sus estudiantes que lean un libro que sea 'controversial' en su área temática.

Pída que, en una o dos frases, digan lo que sintieron del libro. Tome algunas de las palabras clave que usan, y pídales que redacten una respuesta, por ejemplo: el libro me pareció bien argumentado, o provoca la reflexión, o es poco convincente". Luego pídales que definen qué quisieron decir con los términos que usaron. ¿Qué constituye un argumento "bueno" o "convincente"?

> ## Otros ejercicios para ayudar a que sus estudiantes desarrollen las habilidades de pensamiento crítico
>
> i) Pida que sus estudiantes lean un documento o una declaración clave. Pídales que identifiquen la parte más significativa de la declaración o del argumento. Luego pídales que expliquen por qué es significativo.
>
> ii) Pída a sus estudiantes que definan la diferencia entre aseverar algo y desarrollar un argumento. Pídales que encuentren ejemplos de ambos.
>
> iii) Pídale a sus estudiantes que analicen ejemplos de su propio trabajo. Además de la información que transmite, ¿qué argumento está haciendo? ¿Por qué está haciendo ese argumento? ¿Cómo lo han desarrollado y justificado?

El manejo de la evidencia

Algunos de los más hábiles proponentes del pensamiento crítico son los abogados de las cortes. Usan la razón para tratar de convencer al juez y al jurado del caso de su cliente. Ofrecen su propia evidencia y, mediante un riguroso cuestionamiento, evalúan la importancia de la evidencia presentada por los abogados de la otra parte. Analizan y evalúan los argumentos de la otra parte y ofrecen interpretaciones de la evidencia.

> ## Ejercicios
>
> 1) Haga un ejercicio que requiera que dos estudiantes presenten un tema clave de su disciplina como un caso judicial. Escoja miembros de la clase que representen pensadores clave para que sean entrevistados, den su testimonio y ofrezcan argumentos a favor y en contra. Pida a varios estudiantes que usen las habilidades de análisis y de preguntas y repreguntas para que el "jurado" —el resto de la clase— pueda llegar a un veredicto. Los miembros del jurado pueden entonces debatir el veredicto y ser entrevistados sobre cómo decidieron su voto. ¿Cómo cambiaron sus ideas durante el debate?
>
> 2) Ahora haga otro ejercicio que considere un "problema" clave en su área temática. Esta vez los estudiantes deben analizar el problema y, mediante la colaboración, ofrecer una solución.

Medición del nivel: Identificación de diferentes tipos de escritura

Las/los estudiantes necesitan poder identificar diferentes tipos de textos y su importancia para el estudio académico. Estas diferencias se pueden resumir de la siguiente manera:

i) **Escritos descriptivos** —el autor simplemente produce un registro de lo que ha encontrado

ii) **Reflexión descriptiva** —una descripción de la evidencia junto con alguna reflexión, aunque esta tiende a ser un juicio personal del valor de la evidencia

iii) **Reflexión dialógica** —incluye algo de reflexión basada en la literatura, pero tiende a basarse en una fuente o en un solo interlocutor

iv) **Reflexión crítica** —una exploración completa de las razones, los enfoques y los presupuestos subyacentes, incluyendo la evaluación de influencias más amplias como factores contextuales sociales e históricos

---

Ejercicio para el aula

Presentar ante los estudiantes una serie de trabajos escritos de las cuatro categorías anteriormente mencionadas.

Pídales que identifiquen a qué tipo de escritura corresponden y qué problemas plantean.

El análisis crítico de los textos

El análisis crítico de los textos clave en el campo de investigación es una parte central del estudio de posgrado. Permite al estudiante entender el estado actual y la vanguardia de la disciplina y establecer su propia investigación en el contexto de la discusión académica actual en su campo.

Preguntas que los estudiantes deben hacer al analizar críticamente los textos clave (sean primarios o secundarios)

i) ¿Hasta qué punto es apropiada la evidencia para el argumento? ¿Es confiable y útil?

ii) ¿La evidencia apoya la conclusión? ¿Es lo suficientemente fuerte?

iii) ¿Cuáles son las pruebas evidenciales más convincentes?

iv) ¿Cuáles son los puntos más elementales del argumento? Exprésalo en una oración concisa

v) ¿Se presentan (los puntos) de forma lógica y secuencial? ¿Podría ser mejor el orden de los puntos?

vi) ¿Puede identificar sesgos/prejuicios o presuposiciones detrás del argumento? ¿el autor tiene una agenda oculta? Ofrezca ejemplos.

vii) ¿Qué información falta?

viii) ¿Está de acuerdo con el autor? Si no, ¿por qué no?

La aplicación de estas habilidades a los trabajos escritos de posgrado

- Sus estudiantes necesitan aprender a aplicar a sus propios textos el mismo rigor con que analizan los materiales fuente de otros.
- Ayude a sus estudiantes a identificar cuál podría ser su conclusión después de haber completado la investigación y antes de empezar a escribir.
- Asegúrese de que sus estudiantes planifiquen su trabajo y muestren cómo cada sección conduce hacia la conclusión.
- Pida a sus estudiantes que se remitan a dicho plan a medida que elaboran cada uno de los puntos, para comprobar que todo lo que escriben conduce hacia la conclusión.
- Asegure que para cada puntos clave, y para la conclusión, haya evidencia de apoyo. Si no hay suficiente evidencia para sustentar la posición, es posible que el estudiante tenga que cambiar su conclusión.[2]

Ideas para crear una cultura de aprendizaje caracterizada por la crítica reflexiva

i) Crear un entorno relajado, acogedor y no amenazante donde se puedan debatir los temas y expresar, adaptar y cambiar las opiniones expresadas en confianza.

ii) No sobrecargue a sus estudiantes con enseñanza basada en contenidos ni con evaluaciones que exijan mucho tiempo de preparación aprendiendo contenidos

---

2. Para una discusión más detallada, con ejemplos, vea S. Cottrell, *Critical Thinking Skills: Developing Effective Analysis and Argument*, 2ª Edición (Basingstoke: Palgrave, Macmillan, 2011); y S. Cottrell, *The Study Skills Handbook*, 4ª Edición (Basingstoke: Palgrave, Macmillan, 2013).

para exámenes u otras evaluaciones escritas. Si están sobrecargados, apelarán al enfoques de aprendizaje superficial para "pasar".

iii) Use ejercicios prácticos donde tengan que construir las partes de un argumento en lugar de solo dar la respuesta.

iv) Apoye las opiniones de quienes están empezando a desarrollar pensamiento propio, pero busque crear un marco de referencia para que puedan repensar sus posiciones.

v) Con suavidad presione a sus estudiantes a cuestionar los presupuestos que subyacen sus afirmaciones. Insista en que den razones para las opiniones que expresan cuando debaten. Asegúrese que estén enterados de las "áreas problemáticas" de su disciplina. Esto debe suceder durante los estudios de grado o temprano en el nivel de posgrado.

vi) Desarrolle tareas o ejercicios grupales que alienten a sus estudiantes a ver y debatir los temas desde diferentes perspectivas, incluyendo aquellas con las que no están de acuerdo. Busque crear oportunidades en las que realmente deban tomar una decisión sobre algún tema con una votación (por ejemplo, en debates o discusiones grupales).

vii) Desarrolle actividades en las que, además de explorar las ideas de otros, tengan que argumentar y defender su propia interpretación.

viii) Anímeles a debatir los temas fuera de clase, con café de por medio o de sobremesa.

ix) Anímeles a producir un diario personal reflexivo en donde registran el desarrollo y la progresión de sus ideas.

x) Reconozca que en un aula, diferentes estudiantes (eruditos en formación) estarán en diferentes etapas del desarrollo de sus habilidades de pensamiento crítico.

xi) Diseñe evaluaciones que requieran integrar diversas materias y áreas de aprendizaje, por ejemplo, tareas que abarquen y busquen relacionar múltiples temas o aun disciplinas. Use una variedad de formatos para sus evaluaciones.

xii) Amplíe el aprendizaje independiente y reduzca la dependencia de profesores/tutores. Por ejemplo, ofrezca varias opciones para las evaluaciones o invite a sus estudiantes a desarrollar sus propios títulos para los temas o áreas de estudio. Esto motiva un mayor compromiso y permite que se apropien de su aprendizaje.

xiii) Asegúrese que las/los estudiantes evalúen las fortalezas y debilidades de su propio trabajo y conclusiones —"si estuviera evaluando su propio trabajo, ¿qué nota le daría? ¿Por qué?"

xiv) Cuando las evaluaciones incluyen reflexión sobre la práctica personal y profesional, asegúrese que mantengan una distancia crítica controlada respecto de su propio trabajo y contexto.

xv) Busque crear oportunidades a nivel de maestría para el aprendizaje en cohortes y para presentaciones y seminarios dirigidos por estudiantes.

xvi) Ofrezca capacitación en habilidades de investigación y en metodologías clave.

xvii) Facilite que las/los estudiantes tengan experiencias de investigación académica independiente y que hayan podido elaborar propuestas de investigación antes de llegar al nivel de doctorado.

xviii) Asegúrese de que tengan que escribir una disertación/proyecto de al menos 15 000 palabras basada en un trabajo sostenido de investigación.

xix) Permita que identifiquen las áreas en las que les gustaría investigar más.

Algunos estándares intelectuales clave para el desarrollo del pensamiento crítico[3]

Claridad: Cuando las declaraciones y preguntas no son claras se hace difícil pensar en ellas. Algunas preguntas complementarias: *¿Podría explicarlo más? ¿Podría dar un ejemplo o una ilustración de lo que quiere decir?*

Certeza: Una declaración puede ser clara, pero incierta. *¿Cuál es la evidencia que la sostiene? ¿Cómo lo podríamos examinar o verificar?*

Precisión: Una declaración puede ser clara y acertada, pero no lo suficientemente precisa como para ayudar a nuestra reflexión. *¿Podría ser más específico? ¿Puede agregar algunos detalles más?*

---

3. Para estas y otras ideas, consulte: R. Paul y L. Elder, *The Miniature Guide for Those Who Teach on How to Improve Student Learning: 30 Practical Ideas* (Dillon Beach, CA: Foundation for Critical Thinking Press, 2003); R. Paul y L. Elder, *The Miniature Guide to the Art of Asking Essential Questions* (Dillon Beach, CA: Foundation for Critical Thinking Press, 2005); R. Paul y L. Elder, *The Miniature Guide to Critical Thinking Concepts and Tools* (Dillon Beach, CA: Foundation for Critical Thinking Press, 2009).

Relevancia: Una declaración puede ser clara, acertada y precisa, pero no relevante o pertinente para los problemas que pretende abordar. *¿Cómo se relaciona con el problema? ¿Cómo nos ayuda con este problema?*

Profundidad: Una declaración puede ser clara, acertada, precisa y relevante, pero demasiado simple o superficial. *¿Cómo nos ayuda con las complejidades del problema? ¿Estamos considerando los aspectos más importantes del problema?*

Amplitud: Una declaración puede ser clara, acertada, precisa, relevante y profunda, pero no tener en cuenta otras perspectivas o preocupaciones legítimas. Aunque pueda tener sentido para nosotros, puede no persuadir a otros. *¿Habría que mirarlo desde una perspectiva diferente? ¿Cómo lo verían otros?*

Lógica: Una declaración puede contener información que es clara, acertada, precisa, relevante, profunda y amplia, pero no tener una organización ni un flujo claros (lógica). *¿Esto tiene sentido? ¿Eso procede o se puede deducir de lo que dijo antes? Las conclusiones, ¿se deducen a partir de la evidencia y el argumento?*

Imparcialidad: Un argumento puede tener sentido para nosotros debido a nuestras premisas (compromisos) y sesgos. ¿Es imparcial nuestra evaluación del argumento, la evidencia y las opiniones de otros? ¿Estamos dispuestos a reconsiderar nuestro(s) punto(s) de vista(s)? *¿Considero comprensivamente, sin prejuicio, los puntos de vista de otros?*

Algunas virtudes espirituales que deben acompañar al pensamiento crítico

Debemos estar muy atentos a que el crecimiento del pensamiento crítico no conduzca a orgullo, arrogancia o aun al trato abusivo de otras personas y sus posturas. A medida que cultivamos el pensamiento crítico también debemos promover lo siguiente:

Humildad intelectual (en contraposición a la arrogancia): Debemos ser conscientes de los límites de nuestro propio conocimiento y comprensión, y de nuestro sesgo. Las y los académicos cristianos no deberían aseverar más de lo que realmente saben. No deben ser presumidos ni engreídos.

Valentía intelectual (en contraposición a la cobardía): La disposición a escuchar y entender creencias y puntos de vista con las que nosotros (o nuestro grupo de pertenencia) no estamos de acuerdo. No debemos aceptar lo que se nos ha dicho de manera pasiva ni acrítica. Tener la valentía para disentir de otros cuando contamos con buenas razones bíblicas o intelectuales para no estar de acuerdo.

Empatía intelectual (en contraposición a la estrechez): La disposición a ponernos en el lugar de las/los demás para ver las cosas desde su perspectiva y poder entenderles mejor (aunque aun así disentamos). La voluntad de aceptar que a veces estamos equivocados (que también es una dimensión de la humildad).

Autonomía intelectual (en contraposición al conformismo): Aprender a pensar por nosotras o nosotros mismos, hacer nuestros propios análisis y evaluaciones sobre la base de la razón y la evidencia.

Integridad intelectual (en contraposición a la hipocresía): Ser fieles a nuestros propios pensamientos y conclusiones. Buscar que nuestra práctica sea consistente con lo que aconsejamos que los demás crean y hagan, y cuando hay inconsistencias, reconocerlas.

Perseverancia intelectual (en contraposición a la pereza): La voluntad de abordar temas difíciles frente a las críticas y los desafíos intelectuales. No sacar conclusiones bajo la presión de otros, sino basándonos en la evidencia y el buen juicio. En ocasiones dejando temas de lado hasta obtener mayor claridad.

"Imparcialidad" (en contraposición a la arbitrariedad): La disposición a tratar cada punto de vista de manera justa y neutral, sin recurrir a los sentimientos o prejuicios personales o del grupo al cual pertenecemos. No buscar solo nuestra propia ventaja (o la de nuestro grupo), sino el bien de todas y todos.

Cortesía intelectual (en contraposición a emitir juicios de valor): Ejercer la gentileza en la forma de disentir de otras personas y ayudarles a alcanzar mejores conclusiones. Velar por el bienestar espiritual e intelectual del otro, más allá de quién gana la discusión o el debate.

Para leer más

The APA Delphi Report, Critical Thinking: A Statement of Expert Consensus for Purposes of Educational Assessment and Instruction, 1990 ERIC Doc. No: ED, 315-423.
Cottrell, S. *Critical Thinking Skills: Developing Effective Analysis and Argument*, 2ª edición. Basingstoke: Palgrave, Macmillan, 2011.
———. *The Study Skills Handbook*, 4ª edición. Basingstoke: Palgrave, Macmillan, 2013.
Facione, P. A. *Critical Thinking: What It Is and Why It Counts*. www.insightassessment.com, 2015 update, p. 10.
———. *Critical Thinking: A Statement of Expert Consensus for Purposes of Educational Assessment and Instruction, Executive Summary, 'The Delphi Report.'* Millbrae, CA: The California Academic Press, 1990.

Lublin, J. 'Deep, Surface and Strategic Approaches to Learning' en *Good Practice in Teaching and Learning*, Training Document of Centre for Teaching and Learning: University College, Dublin, 2003; y 'Surface and Deep learning–University of Birmingham,' https://intranet.birmingham.ac.uk/as/cladls/edudev/documents/public/ebl/journey/surface-and-deep-learning.pdf.

Murray, R. *How to Write a Thesis*. Maidenhead: Open University Press, 2ª edición, 2006

Paul, R. y L. Elder. *The Miniature Guide for Those Who Teach on How to Improve Student Learning: 30 Practical Ideas*. Dillon Beach, CA: Foundation for Critical Thinking Press, 2003.

———. *The Miniature Guide to the Art of Asking Essential Questions*. Dillon Beach, CA: Foundation for Critical Thinking Press, 2005.

———. *The Miniature Guide to Critical Thinking Concepts and Tools*. Dillon Beach, CA: Foundation for Critical Thinking Press, 2009.

Smith, K. *Writing and Research: A Guide for Theological Students*. Carlisle: Langham Global Library, 2025.

Torrance, M. y G. Thomas. 'The Development of Writing Skills in Doctoral Research Students.' en *Postgraduate Education and Training in the Social Sciences. Processes and Products*, editado por R. G. Burgess, 105-123. Londres: Jessica Kingsley, 1984.

6

Cómo ayudar a sus estudiantes a planificar y organizar su investigación

La advertencia de Jesús sobre calcular el costo antes de emprender un proyecto es clara. 'Supongamos que alguno de ustedes quiere construir una torre. ¿Acaso no se sienta primero a calcular el costo para ver si tiene suficiente dinero para terminarla? Si echa los cimientos y no puede terminarla, todos los que la vean comenzarán a burlarse de él y dirán: "Este hombre ya no pudo terminar lo que comenzó a construir"' (Lucas 14:28-30)

Aunque el énfasis de Jesús está en considerar el costo de ser su discípulo, es claro que el principio tiene aplicación más amplia. La duración de un doctorado varía. En algunos contextos se requieren tres o cuatro años, pero cuando hay un componente de cursos puede requerir cinco o seis años para completarse. Seis años es una porción grande de tiempo de vida y ministerio para invertir en hacer un doctorado. Cada estudiante debe tener la certeza de que hacerlo es lo correcto, y que puede emprenderlo de todo corazón, sin remordimientos.

También es muy grande la inversión que deben afrontar el/la estudiante y sus patrocinadores para llegar a obtener la cualificación de doctorado. Cada estudiante debe tener muy en claro que esta es la manera más estratégica de invertir esos fondos para el futuro. Por otra parte, debe preguntarse: ¿existe un camino financiero claro para llegar hasta la meta, o habrá dificultades en el camino por la falta de financiación?

Planificación y gestión del tiempo

Esta sección se enfoca en el componente de tesis/disertación de un programa de doctorado. Para programas de doctorado que incluyen un componente de cursos académicos, en los primeros años hay más estructura y rendición de cuentas mediante clases regulares, seminarios y evaluaciones formales. Para muchos estudiantes puede ser un gran desafió, y un problema, pasar de una etapa inicial como esta (o de un programa de maestría compuesto de cursos impartidos) a la libertad y la falta de estructura de la etapa de tesis/disertación. A algunos les va muy bien con la autonomía. A muchos no. Por eso es tan importante la experiencia previa en el manejo de proyectos independientes de aprendizaje/investigación.

Las/los supervisores necesitan ayudar a sus estudiantes a manejar este proceso de aprendizaje. Necesitan una estructura adecuada y estrategias apropiadas para llevar a buen término esta fase de sus estudios. Parte de esta estrategia debe ser que cada estudiante asuma la responsabilidad de manejar su propio aprendizaje a medida que se desarrolla el proyecto.

Esto significa facilitar que él o ella gradualmente tome el control de su proyecto para llevarlo a buen término. Estas son habilidades vitales para el 'estudio autogestionado', equipamiento importante para un futuro ministerio de enseñanza, investigación y escritura.

Algunas personas reaccionan negativamente a la planificación; prefieren 'ver cómo les va' y 'arreglárselas' como sea. Aunque hay necesidad de ser flexibles y de revisar continuamente los cronogramas, en general las personas trabajan mejor cuando tienen plazos que cumplir. El viejo dicho, que "si uno no apunta a nada, de seguro acierta", es muy apropiado.

Hacer las estimaciones

Esta es una oportunidad para aprender una lección rápida de matemática. Es un ejercicio útil que se puede hacer en una de las primeras sesiones de supervisión con un/a estudiante.

Si partimos del número de años del programa de doctorado que se tiene para escriba la tesis/disertación (puede prorratearlo según su propio programa de doctorado y cuánto tiempo estima para que un/a estudiante escriba su tesis —por lo general de dos a cuatro años), ¿con cuántos días cuenta para escribir una tesis doctoral?[1]

Si la etapa de elaboración de la tesis es de tres años, más de mil días parece mucho tiempo; suficiente para avanzar de forma lenta y relajada y, con mucha tranquilidad, hacer viajes de investigación. Todo lo contrario. El tiempo pasa demasiado rápido, y al poco tiempo mil días no parece ni la mitad de lo que hará falta. Pero las/los estudiantes no van a trabajar todo el día todos los días.

Empezando con el número total de días para escribir la tesis, ahora habrá que descontar algunos días.

---

1. Suponiendo que no hay años bisiestos, su respuesta debe ser ¡1095 días!

¿Trabajará los fines de semana?

> Es importante que las/los estudiantes mantengan buenas relaciones con una iglesia local, y que de vez en cuando prediquen o participen en algún otro ministerio. Supongamos que no van a trabajar los domingos. Entonces hay que descontar el número total de domingos que hay en esos años de escritura de tesis.

Tiempo familiar:

> Quizás tenga una familia, y uno de los problemas que enfrentan las/los estudiantes de doctorado es la falta de atención a la familia durante períodos intensos de estudio. Entonces hay que descontar un cierto número de días para la familia (por lo general los sábados cuando los niños no están en la escuela) durante esos años de escritura de tesis.

Descanso y recreación:

> Las/los estudiantes también necesitan tiempos de inactividad, oportunidades para descansar y hacer actividades recreativas cada tanto. Es probable que quieran vacaciones. Entonces, hay que descontar el número de días de vacaciones anuales para esos años disponibles para escribir la tesis/disertación. También hay que descontar los "feriados oficiales" —Navidad, Año Nuevo, feriados nacionales— y otros días no laborables, cuando las bibliotecas puedan estar cerradas.

Enfermedad o accidente:

> También es muy probable que a lo largo de los años de escritura de tesis haya días cuando alguien en la familia, o aun el/la estudiante, se enferme. Incluso puede haber, tristemente, momentos en que fallezca un pariente cercano y hay que asistir a un funeral. Entonces hay que descontar algunos días para enfermedad o accidentes.

Eventos familiares:

> Habrá que apartar tiempo para eventos familiares clave —cumpleaños de niños, bodas, aniversarios, días de deportes escolares, etc. Hay que descontar algunos días para esto del total.

Docencia y tutorías:

> Además, el programa de doctorado puede incluir el requerimiento de servir como ayudante de cátedra o de investigación, o de preparar y dirigir algunos seminarios. Hay que descontar un cierto número de días para esto.

Su cálculo debería parecerse al siguiente:

> Número total de días en [2, 3, 4] años = _____
> Menos
> -Domingos (a lo largo de los años de escritura de tesis) =
> -Feriados (a lo largo de los años de escritura de tesis) =
> -Enfermedad o accidentes (a lo largo de los años de escritura...) =
> -Eventos familiares (a lo largo de los años de escritura de tesis) =
> -Días como asistente de cátedra o preparación de seminarios =
> Total final = _____

Es probable que descubra que, si la tesis se ha de escribir en un plazo de tres años, el total sea ahora más como 700 días que 1.095 días.

Estilos de planificación

La planificación y los estilos de trabajo deben tratarse con cada estudiante en una etapa temprana de la supervisión de la tesis. Pídale que articule la manera en que ha planificado las partes principales de trabajos importantes en el pasado. Converse con cada estudiante acerca de los planes que tiene para investigar y escribir artículos, hacer presentaciones y producir los capítulos para su tesis.

- No todos los proyectos de doctorado se pueden desarrollar de manera lineal o secuencial. Esto se debe discutir en una etapa temprana del proyecto. Hacer algunas cosas fuera de secuencia requiere de preparación. Será importante discutir las partes del plan en las que es probable que esto ocurra, por ejemplo, en el trabajo de campo, la investigación de archivos.
- Para algunas personas la planificación resulta más fácil si representan su tesis, o una sección del trabajo, usando el método de los mapas mentales —creando una estructura con una serie de ideas interconectadas en torno a un concepto central. El resultado es un diagrama complejo con una serie de tareas y subtareas

relacionadas, con flechas que las conectan.[2] Luego estas tareas se deben ordenar en una estructura lógica.
- El resultado no es una secuencia lineal de tareas, por lo que es necesario desarrollar un proceso con líneas de tiempo a partir de esa estructura.

Discuta una variedad de estilos de planificación con sus estudiantes:
- Para las partes principales del trabajo
  Para ensayos, artículos o capítulos más breves

Cómo dividir el tiempo disponible

La planificación del tiempo no debe detenerse ahí, con la delineación del proceso.

Ahora pídale a cada estudiante que reparta el tiempo total disponible entre las tareas clave de la elaboración de la tesis. Lo siguiente se basa en el modelo de una tesis que se ha de escribir en tres años a tiempo completo, pero se puede prorratear si es otro el tiempo disponible. En algunos programas de doctorado que incluyen una fase de cursos académicos, algunas de estas tareas se completan antes de iniciarse la etapa de la elaboración de la tesis.

Año 1

¿Cuántos días del total disponible le asigna a:

i) Aclarar el tema de la investigación e identificar un problema original?

DÍAS ASIGNADOS =

Es un área clave, que debe desarrollarse en una fase temprana. En algunos campos el tema es claro; en otros no es claro hacia dónde le llevará el material ni cómo se abrirá el camino. Esto significa que hay elementos sobre los que no se tiene control, que necesitan de cierta flexibilidad.

ii) Identificar y obtener acceso a la biblioteca apropiada o a los materiales archivísticos idóneos.

DÍAS ASIGNADOS =

Esto es importante y puede requerir un estudio piloto y visitas de investigación si los materiales no están en bibliotecas locales.

---

2. Por ejemplo, A. Buzan, *The Mind Map* (Londres: BBC Active, 2009), y otros títulos del mismo autor. El método se reseña en J. C. Nesbit y O. O. Adesope, "Learning with Concept and Knowledge Maps: A Meta-Analysis", *Review of Educational Research* 76, no. 3 (2006): 413.

iii) Identificar cuáles áreas requieren investigación de campo, dónde y cómo se hará y su alcance.

   DÍAS ASIGNADOS =

iv) Ubicar la investigación en el contexto del conocimiento previo y los estudios actuales.

   DÍAS ASIGNADOS =

   El foco aquí está en la revisión bibliográfica, que es más controlable que otros aspectos. Esto ayuda a definir el alcance del proyecto. En algunos campos la literatura académica es inmensa y necesita ser gestionada de manera que los objetivos sean alcanzables dentro de los plazos permitidos.

v) Emprender la capacitación necesaria en métodos y habilidades de investigación; incluye el estudio de idiomas (si es necesario).

   DÍAS ASIGNADOS =

vi) Empezar a recolectar información y/o a investigar, usando metodologías apropiadas.

   DÍAS ASIGNADOS =

vii) Escribir el primer borrador del capítulo (o de los capítulos).

   DÍAS ASIGNADOS =

   Es importante que sus estudiantes empiecen a escribir pronto, y que lo hagan de manera regular, cuando tienen las ideas frescas en su mente. Cada tarea de investigación debe incluir algún componente de escritura. Escribir es una habilidad que se aprende con el tiempo y la experiencia.

viii) Prepararse para la revisión/progresión anual.

   DÍAS ASIGNADOS =

   Informar es una habilidad vital. Aprenderla es clave y debe ser vista como una herramienta reflexiva importante en vez de una tarea engorrosa. Hace posible la evaluación de lo que se ha hecho y de cómo se ha logrado, pero también sirve de sustento para la revisión del estado o el avance del proyecto, y permite la planificación para las siguientes fases.

   También facilita que las/los estudiantes den un paso atrás y reflexionen más ampliamente sobre lo que han logrado y lo que tienen por delante.

Este es un buen momento para conversar acerca de cuáles potenciales líneas de investigación se seguirán en el próximo año, y cuáles se dejarán de lado.

La revisión permite establecer conclusiones provisorias y recomendaciones, y facilita debatir y evaluarlas. También permite la comunicación de resultados, por lo que las revisiones deben ser robustas y servir como una forma de preparación para el examen oral final. La mayoría de las revisiones de progreso pide un cronograma con la finalización prevista para la tesis, lo cual sirve como una herramienta de planificación adicional.

Llevar un buen registro es vital

Los proyectos evolucionan y cambian, y es importante y necesario reconocer y registrar esos cambios. Una buena manera de registrar este proceso de desarrollo es con un Diario de Investigación.

Año 2

El proyecto ahora debería estar bien establecido, con una estructura emergente y un plazo probable para su desarrollo y finalización.

¿Cuántos días le asigna a. . .

i) recopilar y registrar información y/o investigaciones usando metodologías apropiadas (puede incluir un importante componente de trabajo de campo)? ____

ii) analizar resultados/información? ____

iii) ubicar los resultados en relación con los de otros? ____

iv) desarrollar conceptos teóricos (pensar)? ____

v) avanzar en la redacción de los borradores de los demás capítulos (hasta la mitad para los capítulos requeridos)? ____

vi) asistir a alguna conferencia clave? ____
- Esta dimensión es importante para el desarrollo de las habilidades de investigación, porque da acceso a la discusión académica más amplia en el campo. Es esencial para desarrollar el trabajo investigativo y para establecer contactos clave con interlocutores y pares académicos.

viii) prepararse para la revisión de progreso anual? ____
- Estas reuniones son especialmente útiles cuando incluyen una presentación. Eso hace que el/la estudiante tenga que enfocar en encontrar cómo mejor expresar: la idea clave de su investigación, por qué esa investigación es

importante, cuáles son las preguntas/hipótesis clave y qué hace falta hacer. Es importante que su supervisor/a, antes de la reunión, dedique algún tiempo a tratar estas cuestiones y posibles maneras de presentarlas con el o la estudiante.

Año 3
Primer semestre
Cuántos días se deben asignar a. . .

i) completar la recopilación de información y/o investigaciones usando metodologías apropiadas? ____

ii) completar la gestión (y el registro) de la información y los resultados?

iii) evaluar críticamente los resultados (los propios y los de otros) y desarrollar conceptos teóricos —con originalidad y pensamiento independiente? ____

iv) integrar los resultados con los de otros encontrados en la literatura secundaria? ____

v) completar el borrador de cada capítulo? ____

vi) presentar un seminario o exponer en una conferencia? ___
- En esta etapa, la exposición será para presentar ideas que se han esclarecido y han tomado una forma más definida —al irse plasmando una tesis. La presentación es una oportunidad para ensayar hipótesis y sondear el estado de la discusión académica.

Segundo semestre
Cuánto tiempo se debe asignar a. . .

i) producir un borrador final y totalmente revisado de la tesis? ____

ii) redactar la introducción y las conclusiones? ____

iii) asegurarse que la tesis sea coherencia y original? ____

iv) preparar la Bibliografía, cotejar que las referencias sean correctas y hacer una revisión profunda? ____

v) la presentación final de los resultados de la investigación en una tesis? ____

vi) notificar la intención de presentar la tesis? ____

vii) presentar y defender los resultados de la investigación en un examen? ____

viii) hacer las revisiones que soliciten los examinadores? _____

El valor de la planificación

Mientras no se vuelva demasiado restrictivo ni limite el flujo de ideas académicas y enfoques creativos, el tiempo que las/los supervisores dedican a apoyar a sus estudiantes con su planificación le da al proceso una buena estructura para rendir cuentas.

En la supervisión, es bueno tener reuniones dedicadas a evaluar el progreso general y hacer un plan para llevar la tesis a su conclusión. Esto se puede hacer un par de veces al año, en lugar de enfocar solo en una parte del trabajo.

Es importante que el/la supervisor/a se asegure de que no se posterguen la revisión y planificación. Estas reuniones clave de revisión pueden acordarse entre estudiante y supervisor/a y mapearse en un planificador anual. También se pueden indicar los resultados clave acordados.

El mapeo de los principales objetivos de la elaboración de la tesis

A menudo las/los estudiantes de doctorado se preguntan, "¿voy por buen camino?", "¿voy a terminar a tiempo?". Es bueno tener en mente un diagrama aproximado de los plazos.

Hay un plazo límite en que debe completarse la tesis, que es el plazo máximo y final. Trabajar la planificación de ahí para atrás crea una serie de plazos que se convierten en objetivos parciales y permiten calibrar y celebrar los progresos.

Según su comprensión del proceso, establezca lo que piensa que deberá haber logrado en diferentes puntos o plazos (puede prorratear los plazos según el cronograma de su propio programa de doctorado).

Después de 3 meses el/la estudiante deberá haber logrado...
Después de 6 meses el/la estudiante deberá haber logrado...
Después de 1 año el/la estudiante deberá haber logrado...
Después de 18 meses el/la estudiante deberá haber logrado...
Después de 2 años el/la estudiante deberá haber logrado...
Después de 30 meses el/la estudiante deberá haber logrado...
Después de 3 años el/la estudiante deberá haber logrado...

Desglosar y detallar el trabajo

Cuando se emprende una tarea importante o ardua, como escalar una montaña o un largo viaje, es recomendable dividirla en una serie de tareas más pequeñas y manejables. Eso hace que el proyecto sea menos abrumador.

Las/los supervisores deben ayudar a que sus estudiantes descompongan cada etapa clave del trabajo en una serie de tareas logrables dentro de plazos mensuales. De esa manera se toman en cuenta todos los períodos. Hay que animarles de manera personal a que inicien cada nueva semana con una hora de planificación. Este es un asunto sobre el cual hay que orar y comprometerse ante Dios. Se puede revisar el progreso al final de la semana.

Las/los estudiantes deben hacer una lista con resultados que se pueden medir a intervalos regulares. Así pueden ver exactamente cuándo se espera que completen las tareas clave. Eso le da estructura al proceso. Además necesitan clasificar las tareas según sean de alta o baja prioridad. Esto se puede registrar en un diario de investigación.

A veces las/los estudiantes sienten que pasa el tiempo y no logran mucho. El proceso de planificación y el diagrama de plazos les ofrece la oportunidad de revisar lo que han logrado y tener una sensación de su progreso.

Plazos incumplidos

Si de forma regular se incumplen los plazos, ¿qué muestra eso del estudiante?

i) ¿Necesita trabajar más duro y más rápido?

ii) ¿Necesita asignar plazos más largos para las tareas y ser más realista en la planificación?

iii) ¿Es necesario reducir la escala de los objetivos, intentar lograr menos o estrechar el proyecto y hacerlo más pequeño o más enfocado?

iv) ¿Hay aspectos del proyecto que habría que abandonar?

Por otro lado, él/ella puede descubrir que el trabajo avanza más rápido de lo previsto. En tal caso, ¿hay dimensiones adicionales que deban agregarse para ampliar el proyecto?

Las limitaciones de la planificación

La planificación, como herramienta, debe ofrecer dirección, ayudar a enfocar y crear un sentido de logro cuando se cumplen los objetivos y plazos. Es muy difícil predecir cómo se desarrollará una tesis doctoral y cuándo se completará. Por lo general, las tareas llevan más tiempo de lo que esperamos. Los plazos van a variar, aunque eso no debe generar demasiada ansiedad, siempre y cuando se mantenga un ojo puesto en el reloj.

Por qué celebrar la planificación

i) Reduce el riesgo de pasar por alto algo importante

ii) Ayuda a que el/la estudiante se de cuenta que se ha topado con problemas y no ha podido cumplir con los plazos previstos

iii) Ayuda a que él o ella pueda ver las conexiones entre las actividades/tareas

iv) Organiza las actividades en un orden manejable

v) Ayuda a hacer un seguimiento de los recursos que son controlables, y a identificar otros que hacen falta

vi) La planificación muestra lo que es factible

vii) Ayuda a identificar las necesidades de capacitación

viii) La planificación fomenta la disciplina y estimula la motivación a medida que se establecen y se cumplen los objetivos. Convierte el ascenso a una gran montaña en una serie de subidas más pequeñas y de proporciones manejables.

ix) Las personas trabajan mejor cuando hay plazos que cumplir.

En todo esto el rol de las/los supervisores es importante. Pueden percibir problemas y celebrar logros de una manera que las/los estudiantes a menudo no pueden ver en medio de la vorágine de sus estudios y reflexiones. También, las/los supervisores que ya han tenido la experiencia de acompañar a otros en el proceso, puede trazar el camino hacia la meta y dirigir a sus estudiantes hacia allí.

El manejo de problemas

Hay momentos en el proceso doctoral en los que surgen problemas importantes. Quizás las ideas que propone el/la estudiante no resultan. Su hipótesis de trabajo no parece sostenible o no existe el material que esperaba encontrar. Cuando esto sucede, tiene mucho valor usar una reunión de planificación para decidir qué hacer. En la reunión, pida que él o ella ponga el problema por escrito y que identifique exactamente cuáles son las cuestiones a considerar. Luego pueden discutir las soluciones que están a su alcance.

En otras ocasiones, el/la estudiante puede haber padecido un período de enfermedad o crisis familiar, y perdió tiempo. Una vez más, es oportuno reunirse y evaluar las opciones disponibles. ¿Hará falta algún tipo de suspensión de estudios o un permiso para ausentarse? ¿Qué tipo de certificación médica o pastoral se necesitará para eso?

No debemos aceptar que un/a estudiante deje una crisis sin resolver o atender.

Planificación financiera

Aunque no es un área de responsabilidad directa de las/los supervisores, ni es recomendable involucrarse en los detalles de la situación financiera de un/a estudiante, habrá momentos en que serán conscientes de los problemas que está enfrentando en sus finanzas. Esta es una razón muy común para que un/a estudiante baje el ritmo de sus estudios o necesite tomarse un descanso de lo académico, y las señales de ello deben detectarse temprano.

Cuando un/a estudiante esté considerando emprender un programa de investigación es importante que tengan un plan financiero adecuado. Como parte de los procesos de aplicación e inducción estudiantil, debe haber un espacio para que alguien del departamento de finanzas de la institución le explique los retos financieros que puede enfrentar.

En la siguiente página hay un esquema de ejemplo que puede usarse en estas ocasiones para, como en la parábola de Jesús, poder "calcular el costo".

¿Se adecúan los recursos del estudiante a la oportunidad?

Para leer más

Murray, R. *How to Write a Thesis*, 2ª edición. Maidenhead: Open University Press, 2006.
Phillips, E. M. y D. S. Pugh. *How to Get a PhD: A Handbook for Students and Their Supervisors*.
 Maidenhead: Open University Press, 2010 (disponible en formato Kindle)

EL COSTO TOTAL DE HACER UN DOCTORADO

Gastos de matricula _____

Otros aranceles institucionales (por ejemplo, biblioteca, instalaciones estudiantiles, etc.) _____

Costos de alojamiento _____

Gastos de manutención (por ejemplo, alimentos, electricidad, teléfono, Internet, etc.) _____

Seguro médico y personal _____

Manutención de las personas dependientes _____

Gastos médicos, seguro, aranceles escolares de dependientes _____

Viáticos (al sitio de estudio) _____

Costo de traslado a la institución de estudio (si es necesario), o viáticos para visitar a la familia _____

Recursos de estudio personal (por ejemplo, computador portátil, software, reparaciones, papel, bolígrafos, etc.) _____

Libros, escaneo, fotocopias _____

Pérdida de ingresos _____

Intereses sobre préstamos _____

Costo de visitas de investigación y visitas a bibliotecas externas _____

Asistencia a conferencias y viáticos _____

Otros Costos _____

Contingencias _____

COSTO TOTAL ESTIMADO ══════════════

A esto se le debe contraponer:

Ingresos esperados _____

Subsidios/Becas/Subvenciones _____

Donaciones (por ejemplo, de la familia, la iglesia, etc.) _____

Apoyo de la agencia misionera _____

Préstamos (por ejemplo, préstamos estudiantiles o de familiares) _____

TOTAL DE INGRESOS PREVISTOS ══════════════

7

Iniciación a la investigación

Proveer niveles apropiados de asesoramiento y apoyo académico a las y los estudiantes de doctorado, tanto al principio como a lo largo de sus programas, es equiparlos para que tengan éxito en sus estudios.[1]

Un aspecto importante a la hora de iniciar el proceso de supervisión es establecer los parámetros de supervisión en una de las primeras reuniones con el/la estudiante. Esto se tratará en el capítulo 9 de este manual. Además de establecer ese patrón, los primeros meses de un proyecto de investigación doctoral son cruciales en varios otros sentidos. Hay áreas en las que el/la estudiante necesita mejorar sus habilidades, pero esto puede llevar tiempo. En tal proceso existe cierto peligro de que el tiempo se diluya y haya poco progreso, lo cual puede ser desalentador para él o ella. Se hace necesario combinar la inducción y la capacitación necesaria con algunos proyectos de escritura que pongan en movimiento la investigación.

Inducción

La inducción es importante porque prepara al estudiante para el resto de su experiencia educativa. Las y los estudiantes necesitan entender a fondo el programa que han emprendido y los recursos que tienen a su disposición, y el programa de inducción les ayuda a hacer esto.

Todo programa de doctorado debe comenzar con un proceso de inducción para todas y todos los nuevos estudiantes. Por lo general toma la forma de un curso que se lleva a cabo en las primeras semanas del programa. Refleja las necesidades específicas de las y los estudiantes de doctorado y provee información apropiada sobre la institución, sus programas, las instalaciones disponibles, los códigos de conducta, las responsabilidades estudiantiles y cuestiones de salud y seguridad. La información clave también debe proveerse por escrito en forma de un manual/calendario de doctorado. No alcanza con solo darles el manual y pedirles que lo lean, ¡porque la mayoría no lo hará! En cambio,

---

1. Shaw, *Principios y mejores prácticas*, Sección 15.

su contexto necesita ser explicado y tiene que haber oportunidad para hacer preguntas. También es responsabilidad del personal de supervisión conocer su contenido en detalle, ¡por lo que también tendrán que leerlo!

Después de la inducción inicial, deben proveerse otras oportunidades de capacitación en investigación a intervalos regulares a lo largo de todo el programa de doctorado, con el fin de desarrollar progresivamente las habilidades profesionales y de investigación. La inducción conduce a la capacitación, que es un proceso continuo.

El libro de ICETE *Principios y mejores prácticas* establece los aspectos de la Inducción a la Investigación que deben ponerse a disposición de las y los estudiantes de doctorado.[2] Aunque gran parte de esto será impartido a nivel institucional o incluso por facilitadores externos a la institución, es responsabilidad de las y los supervisores de investigación asegurar que sus estudiantes se beneficien de lo que hay disponible.

Esta capacitación en habilidades de investigación debe abarcar temas como:

i) Comprender cómo es el aprendizaje a nivel de doctorado.

ii) Metodología de investigación, desarrollo de habilidades de epistemología, metanálisis y reflexión.

iii) Desarrollo de habilidades analíticas y sintéticas; formulación de preguntas de investigación.

iv) Habilidades de comunicación escrita para el contexto académico (y para fuera del contexto académico).

v) Ética de la investigación y acercamientos a investigaciones con personas. Esto es muy importante, y las políticas institucionales sobre esta cuestión deben ser claras. Las medidas de seguridad apropiadas, los permisos y consentimientos adecuados y necesarios para el uso de materiales, así como las cuestiones relacionadas con la confidencialidad de materiales sensibles, deben entenderse claramente y ponerse en práctica.

vi) La comprensión cristiana de la investigación y la educación doctoral, incluyendo el rol de la investigación en la *missio Dei*.

vii) Habilidades discursivas y de presentación oral —
- Cómo presentar trabajos de investigación.
- Cómo discutir los resultados de otros investigadores

viii) Habilidades informáticas y cómo acceder a recursos electrónicos.

---

2. Ibid.

ix) Habilidades bibliográficas.

x) Uso de recursos electrónicos y materiales en línea.

xi) Planificación de proyectos y gestión del tiempo.

xii) Gestión y mantenimiento de documentos y archivos.

Hay también otras habilidades para el desarrollo profesional y el liderazgo en la educación teológica que deben enseñarse, y por lo general esto sucede mediante actividades de capacitación que se imparten a intervalos regulares a lo largo del programa de doctorado del estudiante. Estas incluyen:

i) Diferentes acercamientos a la participación en seminarios, talleres y conferencias académicas.

ii) Preparación para exámenes.

iii) Desarrollo personal y profesional, y planificación para futuros empleos.

iv) Uso de la cualificación doctoral tras completarla. Esto debe incluir:
- Presentación de ponencias y habilidades docentes (pedagogía, andragogía).
- Administración académica.
- La vida después del doctorado —investigación, redacción, integración de la investigación en curso con el servicio para el Reino de Dios.
- La erudición como vocación de por vida.
- Educación teológica y misión.
- Escribir para publicar.

Registro y almacenamiento de materiales de investigación

Es importante conversar con sus estudiantes acerca de las mejores formas de organizar sus resultados de investigación para que puedan ser fácilmente accesibles. Esto se puede abordar en términos generales como parte de la inducción a la investigación, pero hay que asegurarse de que las/los estudiantes han aplicado esa información de manera específica a su situación y área temática.

- Es esencial contar con métodos de almacenamiento y recuperación de datos que sean fáciles de manejar y eficientes.
- Hay que hablar de sistemas de referencias cruzadas y diferentes formas de organizar notas de investigación.

- ¿Cómo van a almacenar los materiales que han recopilado? Ya sean notas escritas, documentos escaneados o fotocopias, ¿cómo se asegurarán de poder encontrar lo que están buscando?
- ¿Qué usarán como sistema de indexación?
- Es importante establecer, al principio, cuál guía o manual de estilo se usará para el proyecto. Esto asegurará que todas las referencias se almacenan en el formato correcto desde el principio de la investigación, para más adelante ahorrar horas de comprobación de referencias.
- Un Diario de Investigación es una forma útil de registrar las actividades de investigación realizadas y dónde están almacenados los resultados.

La seguridad de los resultados de la investigación es una cuestión crucial

La consigna es clara: haga una copia de seguridad, haga otra copia de seguridad. ¡Ahora hágalo otra vez!

Puedo dar ejemplos de estudiantes a quienes les robaron portátiles con todo su trabajo de investigación y redacción —y en un caso un estudiante se dio por vencido y nunca completó su doctorado. Cuando me estaba acercando a la conclusión de mi tesis, yo tenía una copia almacenada en el disco duro de mi computadora, y otra por aparte en disquetes (¡sí, fue hace mucho tiempo!). También tenía una copia en papel de los borradores de cada capítulo, todo almacenado en la casa de mis padres a cincuenta millas de distancia. ¡No había manera de que pudiera enfrentar la posibilidad de tener que reinvestigar y reescribir toda la tesis si ocurriese un incendio o un robo en mi casa! Hoy en día se recomienda el uso de la 'nube' para un almacenamiento seguro, accesible y remoto, siempre y cuando el/la estudiante pueda seguir pagando la suscripción (si se requiere).

Inducción específica para la investigación en el campo de estudio

Además de una introducción más general a las metodologías de investigación, se necesitará una inducción más específica al campo de cada candidato/a. A veces las y los estudiantes se sienten frustrados porque no hay una inducción más detallada para su área temática, y recaerá sobre el personal de supervisión ofrecerlo donde sea necesario. Habrá que desarrollar o reforzar habilidades y métodos específicos de investigación.

A menudo las y os supervisores no ven como importante o se olvidan de esta área, pero es clave y descuidarla crea problemas.

Lo siguiente es una serie de pasos útiles:

Capacitación inicial

Haga un análisis inicial de las necesidades de capacitación. Esto debería hacerse en una fase temprana, y abarcar cuestiones como:

i) ¿Cuáles habilidades ya tiene el/la estudiante?

ii) ¿Qué otras habilidades necesita? (por ejemplo, recopilación y gestión de datos, registro, mantenimiento y almacenamiento de documentos, habilidades informáticas y de comunicación —TICs)

iii) Especialmente en áreas bíblicas, aunque también en otros campos teológicos e históricos, puede necesitar otros idiomas —alemán, francés, latín— e incluso mejorar su hebreo y/o griego.

iv) Las/los supervisores necesitan saber qué oportunidades y recursos hay para ayudar con el aprendizaje de idiomas. ¿Hay cursos específicos?

v) ¿En qué momento del programa será mejor que haga el aprendizaje de idioma(s), para contar con esas habilidades cuando las necesite?

vi) ¿Hay otros cursos, talleres o programas de capacitación a nivel posgrado, disponibles en el seminario/universidad, que serían de beneficio para él/ella?

vii) Las/los supervisores deben ser conscientes de lo que hay disponible y de lo que será beneficioso. No debe simplemente confiar que sus estudiantes lo puedan averiguar por su cuenta.

viii) ¿Hay financiación disponible para estas necesidades adicionales de capacitación?

ix) ¿En qué momento del programa será necesaria la capacitación adicional? Esto debe ser acordado entre supervisor/a y estudiante, e incorporado al plan de investigación.

x) Las necesidades de capacitación deben ser evaluadas por lo menos una vez al año —a medida que se desarrolla o cambia el proyecto, pueden cambiar también las necesidades de investigación.

ii) Las revistas académicas tienen artículos y también reseñas de libros. Algunas producen una lista anual de libros, artículos y tesis en áreas temáticas específicas.

iii) Los catálogos de las bibliotecas son una fuente esencial y ahora muchos están disponibles en línea, incluyendo bibliotecas tan importantes y amplias como la Biblioteca del Congreso (de Estados Unidos) y la Biblioteca Británica (del Reino Unido).

iv) Los sitios de búsqueda en línea albergan muchas bases de datos de revistas académicas y ofrecerán lo mejor de los recursos recientes.

v) Las/los estudiantes de doctorado deben consultar las bases de datos de tesis recientemente publicadas —es esencial que estén al tanto de las últimas investigaciones.

vi) Contactos personales y diálogo con otros eruditos. Esto puede ocurrir en conferencias, mediante correspondencia personal, etc.

Las investigaciones deben establecerse en el contexto de la erudición más amplia

La 'literatura' que hay que revisar (y reseñar) son las contribuciones eruditas en el campo de investigación, que incluye libros, artículos de revistas, ponencias de conferencias y seminarios (algunas inéditas), revistas electrónicas, sitios web académicos, debates en línea e informes de conferencias.

Las revistas académicas y las ponencias de conferencias suelen tener material que está a la vanguardia investigativa, y es crucial que sus estudiantes de doctorado las consulten. A menudo este es el ámbito en donde las y los estudiosos 'piensan en voz alta' y donde primero presentan los resultados de sus investigaciones —con vista a recibir la retroalimentación inicial de sus pares académicos.

Algo que es útil para las/los estudiantes es leer las reseñas de obras clave, escritas por otros eruditos y publicadas en las revistas académicas. Esto les ayudará a ver los enfoques que toman los eruditos ya establecidos y las fortalezas y debilidades que han identificado en esas obras. Se puede animarles a que evalúen y critiquen estas reseñas. Sin embargo, no debe sustituir que lean por sí mismos la obra y formen su propia evaluación crítica.

El propósito de la revisión de literatura en la tesis

Los examinadores de una tesis doctoral querrán saber si el/la estudiante:

i) tiene un conocimiento amplio del tema.

ii) ha hecho una revisión crítica de otros materiales académicos que son medulares para el campo de estudio. El/la estudiante necesita demostrar que sabe